westermann

EinFach
Deutsch

Franz Kafka

Der Verschollene

Amerika

... verstehen

Erarbeitet von
Roland Kroemer

Herausgegeben von
Johannes Diekhans
Michael Völkl

W0194847

Bildnachweis

|akg-images GmbH, Berlin: 21, 27, 43, 73; Archiv K. Wagenbach 97, 98, 100, 102, 110; Imagno 10, 38; Science Source 51; TT News Agency/SVT 13. |Picture-Alliance GmbH, Frankfurt/M.: akg-images/Archiv K. Wagenbach 100; dpa/CTK 96. |stock.adobe.com, Dublin: Kyle 95.
Wir arbeiten sehr sorgfältig daran, für alle verwendeten Abbildungen die Rechteinhaberinnen und Rechteinhaber zu ermitteln. Sollte uns dies im Einzelfall nicht vollständig gelungen sein, werden berechtigte Ansprüche selbstverständlich im Rahmen der üblichen Vereinbarungen abgegolten.

westermann GRUPPE

© 2021 Westermann Bildungsmedien Verlag GmbH, Braunschweig, www.westermann.de

Das Werk und seine Teile sind urheberrechtlich geschützt. Jede Nutzung in anderen als den gesetzlich zugelassenen bzw. vertraglich zugestandenen Fällen bedarf der vorherigen schriftlichen Einwilligung des Verlages. Nähere Informationen zur vertraglich gestatteten Anzahl von Kopien finden Sie auf www.schulbuchkopie.de.

Für Verweise (Links) auf Internet-Adressen gilt folgender Haftungshinweis: Trotz sorgfältiger inhaltlicher Kontrolle wird die Haftung für die Inhalte der externen Seiten ausgeschlossen. Für den Inhalt dieser externen Seiten sind ausschließlich deren Betreiber verantwortlich. Sollten Sie daher auf kostenpflichtige, illegale oder anstößige Inhalte treffen, so bedauern wir dies ausdrücklich und bitten Sie, uns umgehend per E-Mail davon in Kenntnis zu setzen, damit beim Nachdruck der Verweis gelöscht wird.

Druck A^1 / Jahr 2021
Alle Drucke der Serie A sind im Unterricht parallel verwendbar.

Umschlagbild: New York, Blick vom Woolworth Building (akg-images GmbH)
Druck und Bindung: Westermann Druck GmbH, Braunschweig

ISBN 978-3-14-**022636**-3

Inhaltsverzeichnis

An die Leserin und den Leser

„Mein liebstes Kind, in meinem Roman gehn eben sehr be-
lehrende Dinge vor. Hast Du schon einmal die Demonstrationen gesehen, welche in amerikanischen Städten am
Vorabend der Wahl eines Bezirksrichters stattfinden? Gewiß ebensowenig wie ich, aber in meinem Roman sind diese Demonstrationen eben im Gange."[1]
Diese Sätze schrieb Franz Kafka an Felice Bauer, seine spätere Verlobte, in der Nacht zum 29. Dezember 1912. Wie im
Rausch hatte er in den Wochen zuvor die ersten Kapitel seines Romans „Der Verschollene" zu Papier gebracht, der
1927 posthum und unvollendet zunächst unter dem Titel
„Amerika" erschien.[2] Die zitierte Briefstelle gibt Aufschluss
über Kafkas kreativen Prozess. In einem fast meditativen
Zustand ließ er sich von seinen aus dem Unbewussten
aufsteigenden Vorstellungen – hier ein turbulenter Wahlkampf – überraschen und hielt sie sogleich fest. Entstanden ist ein spannendes, bildgewaltiges Werk voller unver-
gesslicher Szenen.

Auch über hundert Jahre später hat der Roman nichts von
seiner Faszination verloren. Gerade junge Leser[3] können
sich mit Kafkas Hauptfigur sicherlich gut identifizieren,

---

[1] Brief vom 28. zum 29. Dezember 1912 (Franz Kafka: Briefe an Felice.
Herausgegeben von Erich Heller und Jürgen Born. Frankfurt a.M.
2003, S. 213. Aus Gründen der Authentizität wird in dieser Verstehens-
hilfe die Orthografie und Interpunktion der zitierten Texte Kafkas
nicht korrigiert.)

[2] Die 1983 erschienene Ausgabe des Romans in der Fassung der Handschrift trägt den Titel „Der Verschollene", den Kafka selbst in seinen
Aufzeichnungen nannte. Dieser Titel hat sich mittlerweile weitgehend durchgesetzt. (Vgl. dazu auch das Unterkapitel „Entstehungs-
und Editionsgeschichte des Romans ‚Der Verschollene'", S. 106–111.)

[3] Für eine bessere Lesbarkeit wird auf weiblich-männliche Doppelfor-
men verzichtet. Gemeint sind selbstverständlich alle Geschlechter.

dem 17-jährigen Karl Roßmann, der von seinen Eltern in die USA geschickt wird und dort vor der Aufgabe steht, sein Leben selbst in die Hand zu nehmen und erwachsen zu werden. Die Hürden, die sich ihm im unbekannten Land in den Weg stellen, ähneln den Schwierigkeiten, mit denen auch heutige Heranwachsende konfrontiert sind. Einen Job suchen, das erste eigene Geld verdienen, wahre Freunde finden und falsche erkennen, für seine Bedürfnisse eintreten und einen Platz in der Gesellschaft erkämpfen – dies alles muss Karl mühsam lernen.

Der Roman „Der Verschollene" erzählt allerdings nicht nur von den Erlebnissen eines Jugendlichen. Anfang des 20. Jahrhunderts entstanden, beschreibt er die damals in Amerika und Europa rasant fortschreitende Technisierung und Kapitalisierung, zwei Entwicklungen also, die die soziale Wirklichkeit und damit das Leben jedes Einzelnen zutiefst prägten. Vor allem deren Schattenseiten wie wachsende Ungerechtigkeiten, schlechte Arbeitsbedingungen und Arbeitslosigkeit, Armut, Hunger, Vereinsamung und Gewalt werden thematisiert. Darüber hinaus lässt sich der Text aber auch als Parabel über die Stellung des Menschen in der Moderne lesen. In Karls Odyssee durch Amerika spiegelt sich gleichsam das Gefühl der Verlorenheit in einer fremd gewordenen Welt wider.

Der vorliegende Band aus der Reihe „EinFach Deutsch ... verstehen" will Ihnen einen Einblick in diesen literarischen Klassiker geben. Neben ersten Zugängen zur Interpretation des Romans dienen Anmerkungen zum biografischen und zeitgeschichtlichen Hintergrund der Vertiefungsmöglichkeit. Für eine erfolgreiche Prüfungsvorbereitung können Sie sich außerdem die Aufgabenform „Personencharakterisierung" sowie textanalytische Verfahren erarbeiten.

Roland Kroemer

Der Inhalt im Überblick

Der Roman handelt vom 17-jährigen Prager Karl Roßmann, der von seinen Eltern zur Strafe, dass er ein Dienstmädchen geschwängert hat, verstoßen und ins ferne Amerika geschickt wird. In New York angekommen, versucht er, sich an Bord für den Schiffsheizer einzusetzen, da dieser angeblich vom Obermaschinisten schikaniert wird, hat damit aber keinen Erfolg. Unerwartet trifft er beim Kapitän auf seinen Onkel Edward Jakob, einen Senator und erfolgreichen Unternehmer, der ihn bei sich aufnimmt. Während seines Aufenthalts in New York lernt Karl Englisch und wird in die Oberschicht eingeführt, allerdings endet diese Zeit schon nach wenigen Wochen. Als er eine Einladung des befreundeten Geschäftsmannes Herrn Pollunder annimmt, wird er noch in der gleichen Nacht von seinem Onkel verstoßen, weil er sich gegen dessen Willen für den Besuch entschieden hat.

Nun auf sich allein gestellt, schließt er sich den arbeitslosen Herumtreibern Delamarche und Robinson an, die er in einer billigen Unterkunft kennengelernt hat. Als sie seinen Koffer auf der gemeinsamen Wanderung aber heimlich aufbrechen und sogar noch aggressiv werden, trennt er sich zunächst wieder von ihnen. Auf Vermittlung der Oberköchin Grete Mitzelbach wird Karl anschließend Liftjunge im Hotel occidental, einem riesigen Hotelunternehmen in der Nähe der Stadt Ramses. Wie zuvor beim Onkel erlebt er hier eine sorgenfreie Zeit, in der er sich unter anderem mit der jungen Sekretärin Therese Berchtold anfreundet. Doch wieder endet das Glück durch Karls vermeintliche Schuld. Um Robinson, der eines Tages betrunken im Hotel auftaucht, zur Ausnüchterung in den Schlafsaal der Liftjungen zu bringen, lässt er seinen Aufzug kurze Zeit unbeaufsichtigt und wird für diese Pflichtverletzung vom Oberkellner Isbary fristlos entlassen.

Ohne eigene Pläne und bald auf der Flucht vor einem Polizisten begleitet er Delamarche und Robinson notgedrungen in ihr neues Zuhause. Die beiden leben mittlerweile in der winzigen Vorstadtwohnung Bruneldas, einer dicken, tyrannischen Frau, die früher Sängerin war, jetzt aber nur noch von ihren Ersparnissen zehrt. Delamarches lange geschmiedeter Plan ist es, Karl zu ihrem Diener zu machen, wogegen dieser sich jedoch heftig wehrt. Erst nachdem ihm Josef Mendel, ein Student in der Nachbarwohnung, eindringlich dazu geraten hat, die Stelle anzunehmen, willigt Karl ein. Schon am nächsten Tag erfüllt er seine neuen Aufgaben zur allgemeinen Zufriedenheit. Die Handlung bricht an dieser Stelle ab und wird von einem neuen, Fragment gebliebenen Kapitel ohne deutlichen Übergang fortgesetzt, in dem von Bruneldas Umzug erzählt wird. Inzwischen offenbar mittellos geworden, wird sie von Karl in einem Handwagen zu einem Bordell gebracht, in dem sie künftig als Prostituierte arbeiten wird.

Daraufhin setzt die Handlung wiederum mit einem neuen Kapitel ohne direkten Anschluss an das vorangegangene ein. Neugierig geworden durch ein Plakat des „Teaters von Oklahama", das Mitarbeiter sucht und angeblich jeden gebrauchen kann, fährt Karl zum Rennplatz von Clayton, auf dem die Aufnahme stattfindet. Tatsächlich wird er nach zwei kurzen Gesprächen vom Theater willkommen geheißen, einem rätselhaften, schier grenzenlosen Unternehmen, dessen wahre Natur bis zum Schluss offenbleibt. Nach einem festlichen Empfangsessen, bei dem Karl auch den ehemaligen Liftjungen Giacomo wiedertrifft, werden alle Neugewonnenen in den Zug nach „Oklahama" gesetzt. Das letzte, ebenfalls fragmentarische Kapitel erzählt von ihrer Reise ins Ungewisse. Mit der Beschreibung der gewaltigen Landschaft, die vor dem Fenster an Karl und Giacomo vorbeizieht, bricht der Roman endgültig ab.

Die Personenkonstellation

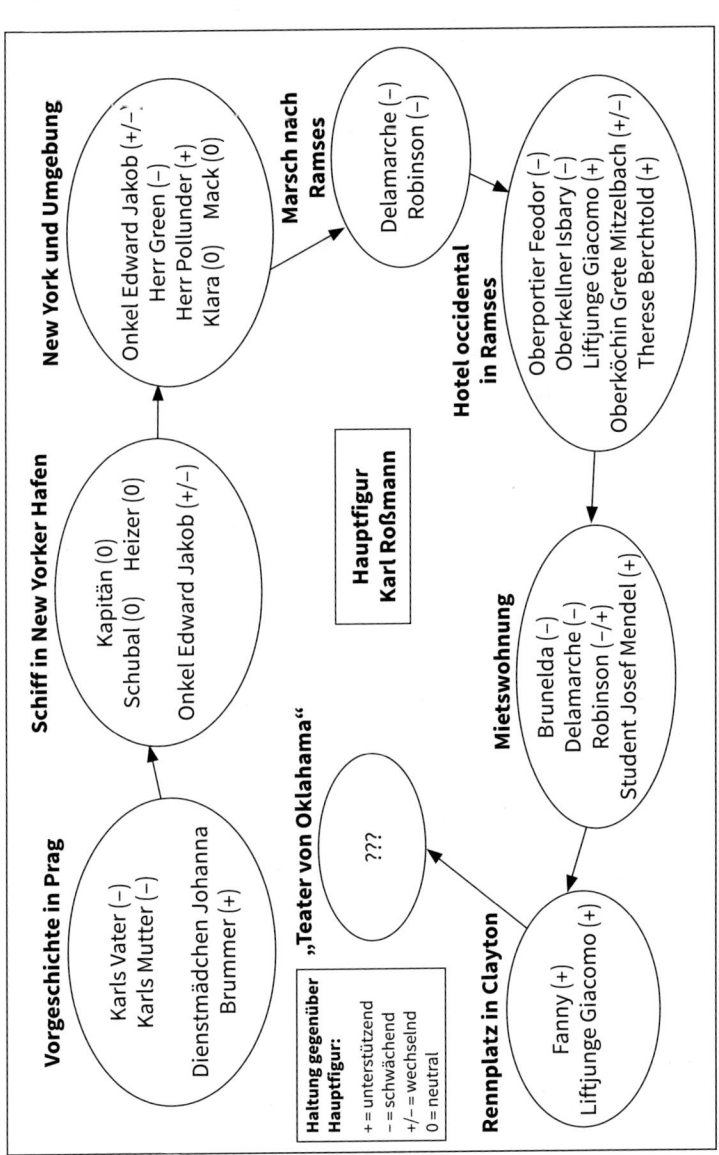

Vorgeschichte in Prag

Karls Vater (–)
Karls Mutter (–)

Dienstmädchen Johanna Brummer (+)

Schiff in New Yorker Hafen

Kapitän (0)
Schubal (0)   Heizer (0)

Onkel Edward Jakob (+/–)

New York und Umgebung

Onkel Edward Jakob (+/–)
Herr Green (–)
Herr Pollunder (+)
Klara (0)   Mack (0)

Marsch nach Ramses

Delamarche (–)
Robinson (–)

Hotel occidental in Ramses

Oberportier Feodor (–)
Oberkellner Isbary (–)
Liftjunge Giacomo (+)
Oberköchin Grete Mitzelbach (+/–)
Therese Berchtold (+)

Mietswohnung

Brunelda (–)
Delamarche (–)
Robinson (–/+)
Student Josef Mendel (+)

Rennplatz in Clayton

Fanny (+)
Liftjunge Giacomo (+)

„Teater von Oklahama"

???

Hauptfigur Karl Roßmann

Haltung gegenüber Hauptfigur:

+ = unterstützend
– = schwächend
+/– = wechselnd
0 = neutral

Inhalt, Aufbau und erste Deutungsansätze

Kapitel I: Der Heizer

Ankunft in New York (5, 1 – 6, 5[1])

Wie für seine Werke typisch, führt Kafka auch im Roman „Der Verschollene" schnell und ohne Umschweife in die Erzählwelt ein. Schon mit dem ersten – auffällig langen und hypotaktisch gebauten – Satz erfährt der Leser, dass der 17-jährige[2] Karl Roßmann von seinen Eltern nach Amerika[3] geschickt worden ist, nachdem er ein Dienstmädchen geschwängert hat. Somit sind der Protagonist und seine vermeintliche Schuld, die als Auslöser für die Handlung aufgefasst werden kann, gleich zu Anfang benannt.

Der Protagonist und sein Vergehen

Zum anderen beschreibt der erste Abschnitt die Situation, in der sich Karl nun befindet: Er steht auf dem Schiff, das soeben in den New Yorker Hafen einfährt, und erblickt die Freiheitsstatue, also das Wahrzeichen der USA. Im Gegensatz zur Realität wird sie im Roman aber „Freiheitsgöttin" (5, 6) genannt und hat anstelle einer Fackel ein „Schwert" (5, 7) in

Die Freiheitsstatue auf Liberty Island

---

[1] Sämtliche Stellenangaben beziehen sich auf die im Literaturverzeichnis aufgeführte Textausgabe.

[2] An einer späteren Stelle, und zwar im Gespräch mit der Oberköchin im Hotel occidental, erklärt Karl jedoch, dass er erst 15 Jahre alt sei und in einem Monat Geburtstag habe (vgl. 112, 10 – 112, 11).

[3] In dieser Lektürehilfe sind mit „Amerika" immer die Vereinigten Staaten von Amerika, die USA, gemeint.

der Hand. Vermutlich hat sich Kafka bewusst für diese Abweichung von der Wirklichkeit entschieden, weckt das Symbol des Schwertes doch verschiedene Assoziationen. Es lässt an Justitia, in der römischen Mythologie die Göttin der Gerechtigkeit, denken und an einen Strafprozess, der Karl womöglich bevorsteht. Darüber hinaus kann das Schwert auch als ein Bild für den Überlebenskampf im amerikanischen Alltag interpretiert werden. Vielleicht wollte Kafka aber auch allgemein darauf hinweisen, dass es ihm mit seinem Werk keineswegs um eine genaue Wiedergabe der Wirklichkeit, sondern um die Schaffung eines eigenen literarischen Kosmos geht. In diesem Sinn wäre das Schwert gleich zu Beginn eine Warnung und Mahnung an den Leser, die Romanwelt nicht mit der Realität zu verwechseln.[1]

Unterschied zwischen Roman und Realität

Auch in erzähltechnischer Hinsicht ist der erste Abschnitt interessant: Zunächst nimmt der Erzähler hier einen Standort außerhalb der erzählten Welt ein und präsentiert sich als allwissend, wobei er aus einer olympischen, übergeordneten Position die vorausgegangenen Ereignisse in einem kurzen Rückblick zusammenfasst. Danach zoomt er wie eine Kamera an Karl heran und wechselt seinen Standort in die erzählte Welt. Bald verfügt er, wie in den meisten Textpassagen des Romans, nur noch über ein eingeschränktes Wissen, da er die Geschehnisse aus der Perspektive seines Protagonisten schildert, also ein personales Erzählverhalten aufweist.

Der Erzähler

Da Karl seinen Regenschirm unter Deck vergessen hat, bittet er einen Mitreisenden, kurz auf seinen Koffer aufzupassen, während er zurückgeht. Bereits in dieser Szene, in der er einem weitgehend Fremden seinen Besitz anvertraut, offenbart sich seine Gutgläubigkeit, die ihm später wieder-

---

[1] Abweichungen von der Realität finden sich im gesamten Roman. Vgl. dazu das Unterkapitel „Das Amerika-Bild im Roman ‚Der Verschollene'", S. 115–117.

holt zum Verhängnis werden wird. Nachdem er sich kurz darauf in einem Labyrinth von Schiffskorridoren, Räumen und Treppen verirrt hat, fragt man sich beklommen, wie er sich wohl im riesigen Land Amerika zurechtfinden würde. So gibt auch dieser Textabschnitt einen Vorgeschmack auf die spätere Handlung, deren unsteter Verlauf von der Unsicherheit und Orientierungslosigkeit der Hauptfigur bestimmt sein wird.

Karls Unsicherheit und Orientierungslosigkeit

Beim Heizer (6, 5 – 12, 29)

Wie viel Karl, gerade im Umgang mit anderen, noch lernen muss, wird auch gegenüber dem Schiffsheizer deutlich, in dessen Kabine er kurz darauf eintritt. Zunächst fragt er den Mann misstrauisch nach seiner Nationalität, glaubt dann aber schon nach wenigen gewechselten Sätzen, Freundschaft mit ihm schließen zu können: „Ich sollte mich vielleicht an diesen Mann halten, gieng es Karl durch den Kopf, wo finde ich gleich einen bessern Freund." (7, 7 – 7, 9) An dieser Stelle zeigt sich nicht nur Karls Naivität, sondern auch sein großes Schutz- und Nähebedürfnis in der fremden Umgebung.

Naivität und Nähebedürfnis

So ist bereits auf den ersten Seiten das Thema des Romans umrissen: der schwierige, häufig gefährliche Übergang eines Heranwachsenden von der Kindheit in die Welt der Erwachsenen, in der er sich allmählich zurechtfinden muss. Dabei wird die einstige Verbindung zu den Eltern durch den Koffer symbolisiert, der womöglich schon verschwunden ist. Erst durch das Gespräch mit dem Heizer, einem weitgereisten und erfahrenen Mann, wird Karl sein leichtsinniges Verhalten bewusst und er muss an eine Abschiedsszene aus der Heimat denken: „Als ihm der Vater den Koffer für immer übergeben hatte, hatte er im Scherz gefragt: Wie lange wirst du ihn haben? und jetzt war dieser teure Koffer vielleicht schon im Ernst verloren." (9, 36 – 10, 2) Karl ist froh, dass seine Eltern von seiner Unachtsamkeit nicht er-

Übergang von der Kindheit in die Welt der Erwachsenen

fahren. Auch später wird er immer wieder darüber nachdenken, wie sie wohl über ihn und seine Handlungen urteilen würden. Trotz oder *wegen* der Trennung ist es ihm wichtig, dass sie eine gute Meinung über ihn haben. Auch deshalb setzt er sich bald für den Heizer ein, der sich vom Obermaschinisten schikaniert fühlt und daher sogar seine Stelle auf dem Schiff aufgeben will. In seinem Kampf um Gerechtigkeit scheint Karl eine Möglichkeit zu sehen, seinen Eltern – und sich selbst – zu beweisen, dass er kein Kind mehr ist.

Zum Erwachsenwerden gehört jedoch auch die erwachende Sexualität, die in Gestalt der Küchenmädchen, insbesondere eines Mädchens namens Line, kurz nach Verlassen der Kabine in Erscheinung tritt. Line flirtet mit dem Heizer, drückt „sich immerzu kokett gegen seinen Arm" (12, 10) und hat auch Augen für Karl, „den schönen Knaben" (12, 14). Während es hier noch bei bloßen Andeutungen bleibt, wird das Verführerische, aber auch Bedrohliche, das Frauen für Karl darstellen, in späteren Szenen, vor allem durch Klara Pollunder und die Sängerin Brunelda, viel greifbarer werden.

Das Verführerische und Bedrohliche des Weiblichen

Karls Kampf um die Gerechtigkeit (12, 30 – 23, 19)

Nachdem Karl mit dem Heizer ins Zimmer des Kapitäns getreten ist, erblickt er durch die Fenster das rege Treiben im Hafen. Ähnlich wie die Freiheitsstatue zu Beginn des Romans lassen sich auch seine jetzigen Eindrücke als Vorboten des Kommenden deuten. Karl hört „Salutschüsse" von „Kriegsschiffen" (13, 7) und sieht stählerne „Kanonenrohre" (13, 7 – 13, 8), also Waffen wie zuvor schon das

Hafen von New York

Schwert. Und auch der Blick auf die Stadt verheißt nichts Gutes: „Hinter alledem aber stand Newyork und sah Karl mit den hunderttausend Fenstern seiner Wolkenkratzer an." (13, 13 – 13, 15) Fast scheint es, als würde ihn die neue Welt, bedrohlich und voller Gefahren, erwarten.

Zunächst aber trifft Karl auf einen sozialen Mikrokosmos[1], bestehend aus einem „Schiffsofficier in blauer Schiffsuniform" (13, 17 – 13, 18), „Beamte[n] der Hafenbehörde" (13, 18 – 13, 19), einem „Oberkassier" (14, 10) und einem „Diener" (14, 7). Diese Berufsbezeichnungen, die auf eine strenge Hierarchie hinweisen, und Begriffe wie „Dokumente" (13, 20), „Folianten" (13, 27), „Aktentaschen" (13, 23), „Protokoll" (13, 25) und „Kassa" (13, 30) lassen die kalte, bürokratische Atmosphäre des Raumes erahnen. Wie in vielen seiner Texte erweist sich Kafka auch hier als genauer Beobachter von Machtverhältnissen, die das zwischenmenschliche Handeln bis ins Kleinste regeln.

Und tatsächlich entfaltet sich bald ein Wechselspiel aus Anschuldigungen und Rechtfertigungen, in dem jede Figur aufgrund ihrer gesellschaftlichen Stellung eine bestimmte Rolle innehat. Karl steht dem Heizer in diesem Streit von Anfang an zur Seite: Er sorgt dafür, dass ihm Gehör geschenkt wird, und rät ihm später, sein Anliegen gegenüber dem Kapitän prägnanter vorzubringen. Dabei setzt er sich so engagiert ein, als kämpfte er um sein eigenes Recht. Doch der Heizer steht auf verlorenem Posten. Die Herren verlieren schnell das Interesse an seinem Fall, ohne diesen ganz erfasst zu haben. Karl muss zum ersten, aber nicht zum letzten Mal erfahren, dass es bei vermeintlichen Fragen der Gerechtigkeit weniger um die richtigen Argumente geht als vielmehr um Macht, Ansehen und Redegewandtheit. Die Lage des Heizers wird noch aussichtsloser, als der beschuldigte Obermaschinist Schubal auftaucht und die an-

---

[1] sozialer Mikrokosmos: verkleinertes Abbild der Gesellschaft

wesenden Männer für sich gewinnt. Karl aber lässt sich nicht beirren und hält weiter zum Heizer. Nun wird deutlich, dass es ihm auch um die Anerkennung seiner Eltern geht. Er wünscht sich, dass sie ihn sehen könnten, während er für eine gerechte Sache eintritt. „Würden sie ihre Meinung über ihn revidieren? Ihn zwischen sich niedersetzen und loben? Ihm einmal einmal in die ihnen so ergebenen Augen sehn?" (22, 11 – 22, 13) Diese in erlebter Rede wiedergegebenen Gedanken lassen erahnen, wie sehr ihn ihre Strafe verletzt hat und wie groß sein Wunsch nach Vergebung ist. In der Verteidigung des Heizers scheint Karl eine Chance zu sehen, seinen Fehler wiedergutzumachen und sich mit den Eltern, zumindest in seiner Vorstellung, zu versöhnen. In Form eines inneren Monologs fordert er sich schließlich selbst dazu auf, den Heizer gegenüber Schubal zu verteidigen: „Also Karl, rasch, nütze jetzt wenigstens die Zeit aus, ehe die Zeugen auftreten und alles überschwemmen." (23, 10 – 23, 12)[1]

Wunsch nach Anerkennung der Eltern

Unerwartete Wendung (23, 20 – 30, 14)

Nachdem der Mann mit dem Bambusstöckchen, der das Geschehen bislang schweigend verfolgt hatte, Karl erneut nach seinem Namen gefragt hat, ändert sich die Situation schlagartig. Es stellt sich heraus, dass es sich bei ihm um Karls Onkel Edward Jakob handelt, einen New Yorker Senator und Geschäftsmann. Er habe, so erklärt er den Umstehenden, einen Brief vom Dienstmädchen Johanna Brummer erhalten und damit vom Schicksal seines Neffen erfahren. Während er den Inhalt dieses Briefes zusammenfasst, lernt auch der Leser die Hintergründe kennen. Dem-

Karls Onkel Edward Jakob: ein einflussreicher Senator und erfolgreicher Geschäftsmann

---

[1] Formal betrachtet könnte dieser Satz auch als Aufforderung eines auktorialen Erzählers aufgefasst werden, der sich direkt an seinen Protagonisten wendet. Da dies aber nicht zum sonstigen personalen Erzählverhalten im Roman passen würde, spricht wenig für eine solche Lesart.

nach haben die Eltern Karl nach Amerika geschickt, nachdem ihn Johanna verführt und ein Kind von ihm bekommen hatte. Sie wollten damit die Alimentenzahlung[1] und einen möglichen Skandal vermeiden, ihren Sohn für seinen Fehltritt aber sicherlich auch bestrafen. Er sei von ihnen „einfach beiseite geschafft worden", betont der Onkel, „wie man eine Katze vor die Tür wirft, wenn sie ärgert" (25, 17 – 25, 19). Johanna habe den Senator in ihrem Brief gebeten, sich um Karl im fremden Land zu kümmern, und da sie dessen Aussehen beschrieben und auch den Namen des Schiffes genannt habe, könne er der Bitte nun nachkommen.[2]

Bei diesen Erklärungen muss auch Karl an die Verführung durch das damals etwa 35-jährige Dienstmädchen denken. Aus seiner Sicht erscheint sie aber nicht als die „große Geschichte" (28, 12), die der Onkel daraus gemacht hat, sondern harmlos, geradezu unbedeutend. Karl erinnert sich,

Karls Erinnerung an die Verführung durch das Dienstmädchen

wie ihn Johanna eines Tages in ihr Zimmer geführt, allmählich entkleidet und ins Bett gelegt hat. Sie „drückte ihren nackten Bauch an seinen Leib, suchte mit der Hand, so widerlich daß Karl Kopf und Hals aus den Kissen heraus schüttelte, zwischen seinen Beinen, stieß dann den Bauch einigemale gegen ihn, ihm war als sei sie ein Teil seiner selbst und vielleicht aus diesem Grunde hatte ihn eine entsetzliche Hilfsbedürftigkeit ergriffen. Weinend kam er endlich nach vielen Wiedersehenswünschen ihrerseits in sein Bett." (28, 4 – 28, 11) Die Verführungsszene, gleichsam die „Keimzelle" des Romans, entpuppt sich als kurzes Inter-

---

[1] Alimente: regelmäßig zu zahlender Unterhaltsbeitrag, besonders für ein nicht eheliches Kind

[2] Es stellt sich allerdings die Frage, weshalb der Onkel beim Kapitän wartet, da er hier ja kaum mit Karls Erscheinen rechnen konnte. Solche und ähnliche Ungereimtheiten lassen sich dadurch erklären, dass die Romanhandlung nicht immer den Gesetzen der Alltagswirklichkeit, sondern häufig einer surrealen Traumlogik folgt, wie dies für sämtliche Werke Kafkas typisch ist.

mezzo, also kaum bedeutender Zwischenfall, den Karl nicht in der Rolle des reifen Mannes, sondern des verschüchterten Kindes erlebt hat. In Anbetracht seiner völligen Passivität während des Aktes lässt sich kaum von einer Schuld sprechen, für die er bestraft werden müsste.

Folgt man der Psychoanalyse, also der Wissenschaft von den unbewussten Vorgängen in der menschlichen Seele, verhält sich dies freilich anders. Aus ihrer Perspektive hat Karl durch die Schwängerung des Dienstmädchens gegen die väterliche Ordnung verstoßen und damit seine kindliche Unschuld verloren. Er hat seine bisherige Position des Sohnes innerhalb des ödipalen Dreiecks verlassen und ist in die Position des Vaters gedrängt.[1] Damit hat er seinen Vater gewissermaßen herausgefordert und ihm dessen Platz streitig gemacht.[2] Als Strafe muss er die einstige Heimat verlassen und in ein fremdes, unbekanntes Land gehen. Nun steht Karl im Grenzgebiet zwischen Kind und Erwachsenem. In Amerika, weit weg vom strengen Vater, hat er die Aufgabe, einen neuen Platz in der Gesellschaft zu finden und zum Mann heranzureifen.

Psychoanalyse: Verstoß gegen die väterliche Ordnung

---

[1] Der Ödipuskomplex steht im Zentrum der klassischen, d. h. von Sigmund Freud (1856–1939) entwickelten, Psychoanalyse. Sie geht davon aus, dass ein Junge im dritten Lebensjahr sein sexuelles Begehren auf die Mutter richtet. Dadurch gerät er unbewusst in Konflikt mit dem Vater, da er dessen Rache, die Kastration (also die Entfernung seines Penis), fürchtet. Im gesunden Entwicklungsprozess löst der Junge diesen Konflikt, indem er den Inzestwunsch ins Unbewusste verdrängt und sich mit dem Vater identifiziert. Erst mit dem Beginn der Pubertät erwacht der Sexualtrieb erneut. Hat der heranwachsende Junge die ödipalen Strukturen seiner Kindheit nicht überwunden, gerät er abermals in einen Ödipuskomplex – sein Begehren richtet sich unbewusst wieder auf die eigene Mutter –, der ihn in seiner sexuellen und charakterlichen Reifung behindert.

[2] Dabei spielt es keine Rolle, dass Karl nur mit dem Dienstmädchen – nicht etwa mit der eigenen Mutter – geschlafen hat, sind die Figuren des ödipalen Dreiecks in literarischen Texten doch häufig durch Ersatzfiguren vertauscht.

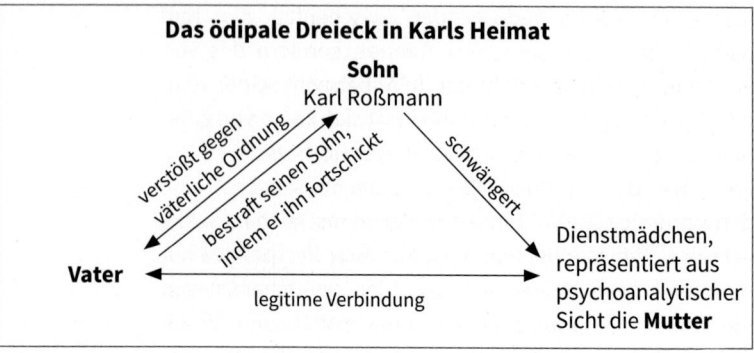

Das ödipale Dreieck in Karls Heimat

Sohn
Karl Roßmann

verstößt gegen väterliche Ordnung

bestraft seinen Sohn, indem er ihn fortschickt

schwängert

legitime Verbindung

Vater

Dienstmädchen, repräsentiert aus psychoanalytischer Sicht die **Mutter**

Scheinbarer Glücksfall für Karl

Zunächst deutet alles darauf hin, dass der Onkel ihn bei dieser Aufgabe unterstützen könne. Auch der Kapitän weist Karl auf das „Glück" (24, 9) hin, das die überraschende Wendung für ihn bedeute: „Es erwartet Sie nunmehr, doch wohl gegen Ihre bisherigen Erwartungen eine glänzende Laufbahn." (24, 14 – 24, 16) Durch das bekannt gewordene Verwandtschaftsverhältnis, das Karl durch einen Handkuss, hier eine Geste der Unterwerfung, bestätigt (vgl. 28, 18), ist sein gesellschaftlicher Rang enorm gestiegen. War er zuvor ein einfacher, mittelloser Passagier, den man kaum beachtet hatte, so ist er nun der Neffe eines einflussreichen Senators und verdient allseitigen Respekt. Die soziale Statik im Raum hat sich grundlegend gewandelt, was sich sogleich auch im Verhalten der umstehenden Männer widerspiegelt. Einer nach dem anderen tritt vor, um Karl und seinem Onkel zu gratulieren.

Abschied vom Heizer (30, 15 – 34, 29)

Der Heizer ist inzwischen vergessen, und auch als Karl wieder auf ihn zu sprechen kommt, zeigen die Herren kein Interesse mehr. Man habe „genug und übergenug" (30, 20) von dieser „geringfügige[n] Zänkerei zweier Maschinisten" (31, 25 – 31, 26), erklärt der Onkel. Außerdem handle es sich hier weniger „um eine Sache der Gerechtigkeit" als vielmehr „der Disciplin" (31, 16 – 31, 17), die der Kapitän allein zu beurteilen habe. Karl muss einsehen, dass er dem Heizer aufgrund seiner neuen Stellung nicht mehr helfen kann. Für ihn gilt nun das Norm- und Wertesystem der Mächtigen, so ungerecht es ihm auch erscheint. Ihm bleibt nichts anderes übrig, als sich weinend vom Heizer zu verabschieden. Hatte er zuvor die Hand des Onkels als Zeichen seiner Ergebenheit geküsst, so küsst er nun die Hand des Heizers, um Lebewohl zu sagen – dann „nahm [er] die rissige, fast leblose Hand und drückte sie an seine Wangen, wie einen Schatz, auf den man verzichten muß" (32, 24 – 32, 25). In dem Adjektiv „leblos" scheint sich bereits das Schicksal des Heizers abzuzeichnen, der jetzt ganz allein auf sich gestellt ist. Und tatsächlich betreten kurz darauf Schubals Zeugen den Raum, um gegen ihn auszusagen. Als Karl vom Boot, das ihn und seinen Onkel ans Festland bringt, zurückblickt, kann er den Mann inmitten der anderen schon nicht mehr erkennen. „Es war wirklich als gebe es keinen Heizer mehr." (34, 23 – 34, 24) Kein Wunder, dass Karl noch einmal „in heftiges Weinen" (34, 10) ausbricht. Der Heizer stellte für ihn eine Chance dar, Verantwortung zu übernehmen und erwachsen zu werden.[1] Da sich Karl jedoch für den Onkel entschieden hat, muss er seine eigenen Ideale aufgeben und sich einer neuen väterlichen Autorität unterwerfen. Jede Selbstsicherheit, die er soeben noch empfunden hat, ist verschwunden. Fühlte er sich im Kampf um die Gerechtigkeit stark und unabhängig, so ist er nun wieder in die Rolle des Kindes zurückgefallen. An die Stelle des Heizers ist der Onkel getreten, und trotz aller Vorteile, die ihm die neue Situation bietet, kommen Karl schon jetzt „Zweifel, ob dieser Mann ihm jemals den Heizer werde ersetzen können" (34, 26 – 34, 27).

Das düstere Schicksal des Heizers

Rückfall in die Rolle des Kindes

---

[1] Es ist sicherlich kein Zufall, dass der Name des Heizers im Gegensatz zu allen anderen handlungstragenden Figuren nie genannt wird. Er steht gewissermaßen nicht für sich selbst, sondern repräsentiert eine mögliche Richtung von Karls Reifeentwicklung.

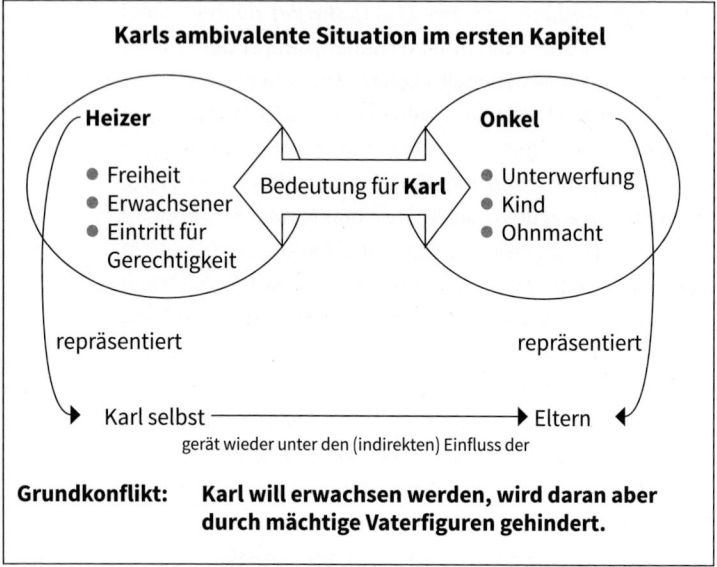

Karls ambivalente Situation im ersten Kapitel

Heizer
- Freiheit
- Erwachsener
- Eintritt für Gerechtigkeit

Bedeutung für **Karl**

Onkel
- Unterwerfung
- Kind
- Ohnmacht

repräsentiert   repräsentiert

Karl selbst ——————————————→ Eltern
gerät wieder unter den (indirekten) Einfluss der

Grundkonflikt: **Karl will erwachsen werden, wird daran aber durch mächtige Vaterfiguren gehindert.**

Kapitel II: Der Onkel

Erzählzeit und erzählte Zeit

Der erzählerische Umgang mit Zeit ändert sich auffallend im 2. Kapitel, das von Karls Leben bei seinem Onkel handelt. Hat das 1. Kapitel 29 Seiten für die Wiedergabe einer nur wenige Stunden umfassenden Handlung benötigt, so erzählt das 2. Kapitel auf nur 13 Seiten von einer zweieinhalb Monate[1] dauernden Episode. Über weite Strecken dieses Kapitels rafft der Erzähler die Zeit stark, nur an einzelnen Stellen nimmt er sich wieder mehr Zeit für seine Schilderungen. Bemerkenswert hierbei ist, dass es zu einer

Zeitraffendes Erzählen

---

[1] Auf diesen Zeitraum weist Karls spätere Aussage hin, „Englisch [...] erst in Amerika in zweieinhalb Monaten erlernt" zu haben (111, 1–111, 2). Schon zuvor heißt es an anderer Stelle, „daß Karl über zwei Monate in New York gewesen war" (92, 26–92, 27).

deutlichen Annäherung von Erzählzeit und erzählter Zeit[1] vor allem im Schlussteil des Kapitels kommt, wenn Karls Aufenthalt in New York durch das Auftreten von Herrn Pollunder endet. Auch in den darauffolgenden Kapiteln wird das Geschehen langsamer und ausführlicher erzählt, sobald der Protagonist in bedrohliche Situationen gerät und seine für kurze Zeit erlangte Sicherheit wieder verliert.

Die ersten Tage im neuen Land (35, 1 – 40, 12)

Zunächst aber lernt Karl die neue Heimat in der Obhut des Onkels, unbeschwert von materiellen Sorgen, kennen. Amerika wird während der gesamten Handlung als faszinierende Welt beschrieben, deren Dimensionen Karl ins „Staunen" (35, 11) versetzen. Schon der Ausblick vom Balkon hinunter auf den „immer drängende[n] Verkehr" (35, 30 – 35, 31) ist für ihn ein fesselndes

Amerika als faszinierende Welt

Erlebnis. Das Großartige des Landes wird immer wieder durch den Vergleich mit europäischen Verhältnissen betont. So heißt es über den Balkon: „Was aber in der Heimatstadt Karls wohl der höchste Aussichtspunkt gewesen wäre, gestattete hier nicht viel mehr als den Überblick über eine Straße" (35, 24 – 35, 26). Amerika, so lässt dieser Satz erahnen, wird dem Protagonisten noch weit Spannenderes zu bieten haben als einen Blick in eine Straßenschlucht.

Straßenschlucht in New York

---

[1] Die Erzählzeit bezeichnet die Zeit, in der das Geschehen erzählt (bzw. gelesen) wird, während die erzählte Zeit der Zeitdauer des Geschehens entspricht. Das Verhältnis zwischen Erzählzeit und erzählter Zeit kann zeitdeckend (die Schilderung des Geschehens dauert genauso lange wie das Geschehen selbst), zeitraffend (die Erzählzeit ist kürzer als die erzählte Zeit) oder zeitdehnend (die Erzählzeit ist länger als die erzählte Zeit) sein.

Auch das mehrgeschossige Haus des Onkels und die moderne Einrichtung beeindrucken Karl stark. Insbesondere ein Schreibtisch in seinem Zimmer mit hundert Fächern, die man durch eine Kurbel in verschiedene Positionen bringen kann, hat es ihm angetan. Wieder dient ein Hinweis auf die Heimat dazu, das Außergewöhnliche zu unterstreichen: „Natürlich war dieser Tisch mit jenen angeblich amerikanischen Schreibtischen, wie sie sich auf europäischen Versteigerungen herumtreiben nicht zu vergleichen." (37,3 – 37,6)

Erinnerungen an die Eltern

Außerdem muss Karl beim Anblick des Möbels an die Eltern denken. Einerseits erinnert er sich an seinen Vater, der sich einen solchen Tisch nie hatte leisten können, andererseits an die ebenfalls mit einer Kurbel betriebenen mechanischen Krippenspiele, die er einst mit seiner Mutter auf dem Weihnachtsmarkt bestaunt hatte. „Und immer war es ihm erschienen, als ob die Mutter die hinter ihm stand nicht genau genug alle Ereignisse verfolge, er hatte sie zu sich hingezogen, bis er sie an seinem Rücken fühlte, und hatte ihr solange mit lauten Ausrufen verborgenere Erscheinungen gezeigt, vielleicht ein Häschen, das vorn im Gras abwechselnd Männchen machte und sich dann wieder zum Lauf bereitete, bis die Mutter ihm den Mund zuhielt" (37,24 – 37,31). Vor allem diese Kindheitserinnerung, die in ihrer naiv anmutenden Detailliertheit überrascht, weist darauf hin, wie sehr Karl seine Eltern, insbesondere die Nähe zur Mutter, vermisst.

Die Elternrolle hat nun der Senator übernommen. Ein passendes Umfeld zur Persönlichkeitsentwicklung bietet er Karl jedoch nicht. Er kommt seinem Neffen zwar „in jeder Kleinigkeit freundlich entgegen" (35,2 – 35,3) und erfüllt ihm beispielsweise den Wunsch nach einem eigenen Klavier. Aber alle Annehmlichkeiten, die Karl in der neuen Heimat genießen könnte, werden durch die Ermahnungen des auf Pflicht und Leistung bedachten Onkels getrübt. So verzieht er „immer ärgerlich das Gesicht" (36,29 – 36,30), wenn er seinen Neffen auf dem Balkon antrifft, rät ihm, den

Großzügigkeiten und Ermahnungen des Onkels

Mechanismus des Schreibtischs nicht zu gebrauchen, und steht auch dem Musizieren skeptisch gegenüber. Um dem Onkel zu gefallen, übernimmt Karl dessen Einstellung und geht den Vergnügungen nur selten nach. Unter Missachtung der eigenen Interessen bemüht er sich, die an ihn gestellten Erwartungen zu erfüllen. So überrascht es nicht, dass er mit großem Ehrgeiz Englisch lernt. Und tatsächlich zeigt sich der Onkel angesichts der baldigen Lernerfolge „tiefernst vor Zufriedenheit" (40, 6 – 40, 7).

Aus psychoanalytischer Sicht ist hier der Gegensatz zwischen den beiden Instanzen Es und Über-Ich dargestellt, der auch in der weiteren Handlung immer wieder von Bedeutung sein wird. Während das nach dem Lustprinzip funktionierende Es rasche Triebbefriedigung sucht, strebt das Über-Ich nach Gehorsam und Pflichterfüllung. Als Gewissen des Menschen spricht es Verbote, moralische Gesetze und Tabus aus, mit denen es das Begehren des Es im Zaum hält. Während seines Aufenthalts in New York verleugnet Karl gleichsam die Bedürfnisse seines Es, um es dem Über-Ich, hier repräsentiert durch den strengen Onkel, recht zu machen.

Gegensatz zwischen Es und Über-Ich

Weitere Entwicklungsprozesse (40, 13 – 42, 19)

Karl durchläuft bei seinem Onkel den Prozess der Sozialisation, das heißt, er passt sich durch das Erlernen der Sprache und durch die Verinnerlichung der Werte und Normen dem neuen Umfeld an und wird so allmählich zum Mitglied der amerikanischen Gesellschaft. Immer häufiger wird er nun auch den Bekannten des Senators vorgestellt. Außerdem geht er frühmorgens zum Reitunterricht, und zwar „unter unbedingter Zustimmung des Onkels" (40, 28 – 40, 29). Denn diese Ausbildung ist hier nicht als bloßes Hobby, sondern ebenfalls als Teil seiner Sozialisation aufzufassen, gilt Reiten in den gehobenen Kreisen, denen Karl nun angehört, doch zum Lebensstil.

Sozialisation in die amerikanische Gesellschaft

Darüber hinaus kann man seine neue Beschäftigung auch als weiterer Schritt seiner Reifung interpretieren. Um ein Mann zu werden, muss er das Reiten erlernen – eine Tätigkeit, die hier auch eine sexuelle Konnotation[1] hervorruft, nicht zufällig wird sie Karl „als bloßes Vergnügen und als gesunde Übung" (40,34 – 40,35) empfohlen.[2] Karl wird von einem jungen Mann namens Mack[3] ins Reiten eingeführt, dessen charismatische Wirkung schon beim Eintreten in die Halle spürbar wird: „Bäumten sich nicht die Pferde aus ihrem bisherigen Halbschlaf auf, wenn er eintrat, knallte die Peitsche nicht lauter durch den Raum, erschienen nicht plötzlich auf der umlaufenden Gallerie einzelne Personen, Zuschauer, Pferdewärter, Reitschüler oder was sie sonst sein mochten?" (41,20 – 41,24) Mack ist ein verwöhnter Millionärssohn, der sich offenbar ohne berufliche Verpflichtungen den schönen Dingen des Lebens widmen kann. Er stellt, insbesondere im nächsten Kapitel, einen potenten Mann dar, der auch gegenüber Frauen selbstbewusst auftritt. Im Vergleich zu ihm wird deutlich, wie viel Karl auf seinem Weg zum Erwachsenwerden noch lernen muss.

Sexuelle Konnotation des Reitens

Das Geschäft des Onkels (42,20 – 44,5)
Im Gegensatz zu Mack hat sich Karls Onkel seinen Reichtum durch eigenen Fleiß erarbeitet. Ihm gehört ein Kommissions- und Speditionsgeschäft, das den Handel zwischen einzelnen Kartellen, also Unternehmensgruppen, besorgt und dementsprechend gigantische Ausmaße hat. Wieder dienen Vergleiche mit Karls Heimat dazu, die Di-

---

[1] assoziative Nebenbedeutung

[2] Dass eine solche Interpretation naheliegt, unterstreicht ein Blick auf andere Werke Kafkas, in denen das Motiv des Reitens wiederholt vorkommt. So repräsentieren Pferde beispielsweise in der Erzählung „Ein Landarzt" unverkennbar eine entfesselte männliche Sexualität.

[3] Die Schreibweise des Namens wechselt im Roman zwischen „Mak" und „Mack". In dieser Lektürehilfe wird die häufigere Variante „Mack" gebraucht.

mensionen im neuen Land zu betonen: So war diese Art des Geschäftes „in Europa vielleicht gar nicht zu finden" (42, 24), und „[d]er Saal der Telegraphen war nicht kleiner, sondern größer als das Telegraphenamt der Vaterstadt" (42, 33 – 42, 34). Nur in den USA, so legen diese Sätze nahe, ist der wirtschaftliche Aufstieg des Onkels denkbar, der mit einem „kleine[n] Geschäft" begonnen hatte und nun, 30 Jahre später, „die drittgrößten Lagerhäuser im Hafen" (43, 34 – 43, 37) besitzt. Damit repräsentiert er wie keine andere Romanfigur den „amerikanischen Traum", also die Überzeugung, dass jeder Mensch durch harte Arbeit und unabhängig von seiner Herkunft erfolgreich sein kann. Im Gegensatz zu seinem Neffen sieht er in seiner Leistung nichts „Wunderbare[s]" (44, 3), sondern etwas fast Selbstverständliches: „Alle Entwicklungen gehen hier so schnell vor sich" (44, 4), erklärt er und scheint damit die Dynamik des Kapitalismus im Auge zu haben, des seit dem späten 19. Jahrhundert herrschenden Wirtschaftssystems, dessen treibende Kraft das Gewinnstreben miteinander konkurrierender Unternehmen ist.

Der Onkel als Repräsentant des „amerikanischen Traums"

Bei aller Faszination für diese rasanten Entwicklungen sind in der Textpassage doch auch ihre Schattenseiten angedeutet. Die moderne Technik, die für den reibungslosen Ablauf der Firmengeschäfte eingesetzt wird, schränkt die Freiheit der Mitarbeiter beträchtlich ein. So ist es nicht vorgesehen, dass ein Telefonist während der Entgegennahme einer Meldung Kommentare geben oder Nachfragen stellen kann; ein normales Gespräch ist nicht möglich. Der Angestellte, „den Kopf eingespannt in ein Stahlband, das ihm die Hörmuscheln an die Ohren drückte" (43, 6 – 43, 8), ist zu unnatürlicher Passivität gezwungen: „[N]ur die Finger, welche den Bleistift hielten, zuckten unmenschlich gleichmäßig und rasch" (43, 9 – 43, 10). Kafka beschreibt in dieser Szene eine für den Kapitalismus typische Organisation, in der alles auf Effizienz und ökonomischen Erfolg ausgerich-

Die Schattenseiten des Kapitalismus

tet ist. Das Arbeitsklima im Saal ist dementsprechend kühl und anonym, die Beschäftigten gleichen eher Robotern als Menschen: „Keiner grüßte, das Grüßen war abgeschafft, jeder schloß sich den Schritten des ihm vorhergehenden an und sah auf den Boden auf dem er möglichst rasch vorwärtskommen wollte" (43, 23 – 43, 26).

Die Einladung von Herrn Pollunder (44, 6 – 47, 19)

Karls Aufenthalt in New York neigt sich dem Ende zu, als er Herrn Green und Herrn Pollunder, zwei Geschäftsfreunde des Onkels, kennenlernt. Pollunder, ein gutmütiger dicker Mann, findet Karl sogleich sympathisch und lädt ihn auf sein Landhaus ein. Schon am nächsten Tag will er ihn abholen. Der Onkel, dem dies nicht recht ist, versucht, Karl durch Erinnerungen an seine Pflichten wie etwa den Reitunterricht vom Besuch abzuhalten, lässt sich schließlich aber umstimmen. Insgeheim aber ärgert er sich offenbar über den Ausgang des Gesprächs „und er schlug mehrmals wie ohne Willen gegen die Armlehne des Fauteuils" (46, 21 – 46, 22). Zeigt er sich äußerlich auch souverän, so geben seine unwillkürlichen Bewegungen doch Aufschluss über seine Gefühle. Wenig später ist der Onkel aus dem Zimmer verschwunden und Karl muss die Fahrt ohne Abschied von ihm antreten.

Es fällt auf, wie viel Zeit sich der Erzähler für die genaue Wiedergabe der Situation nimmt, Erzählzeit und erzählte Zeit nähern sich merklich an. Fast scheint es, als sollte das Gespräch zwischen dem Onkel, Herrn Pollunder und Karl, das durchgehend in direkter Rede wiedergegeben ist, genau protokolliert werden, um im Nachhinein klären zu können, ob und inwiefern Karl eine Schuld an den kommenden Ereignissen trifft.

Denn schon im nächsten Kapitel wird sich zeigen, wie fatal Karls Entscheidung war, Pollunders Einladung anzunehmen. Der Onkel, nicht gewohnt, dass man seinem Willen nicht folgt, ist in seinem Stolz gekränkt. Darüber hinaus

Marginalien:

Eine Einladung mit Folgen – Herr Pollunder

Genaue Wiedergabe des Gesprächs

Der gekränkte Stolz und die Eifersucht des Onkels

scheint er auch eifersüchtig auf Pollunder zu sein, der mit seiner jovialen und offenen Art die Zuneigung des Neffen gewinnt. Das ganze Ausmaß der Kränkung und Eifersucht wird Karl bald in Form des Briefes zu spüren bekommen, mit dem ihn der Senator verstößt (vgl. 78, 17 – 79, 10).

Die Fahrt zum Landhaus (47, 20 – 48, 30)

Auf der Fahrt zum Landhaus nahe bei New York, während der Pollunder eng bei ihm sitzt und seine Hand hält, glaubt sich Karl noch in Sicherheit. Voller Vorfreude und neugierig auf Klara, die Tochter des Hauses, hat Karl kaum ein Auge für die Umgebung. Ihn kümmert es nicht, dass das Auto die reichen Bezirke, „wo das Publikum in großer unverhüllter Furcht vor Verspätung im fliegenden Schritt [...] zu den Teatern drängte" (47, 31 – 47, 34), bald hinter sich gelassen hat und durch Vororte fährt, in denen die Menschen ganz andere Sorgen haben. Erneut werden die Schattenseiten der modernen Gesellschaft sichtbar, diesmal in Gestalt von streikenden Metallarbeitern, die demonstrieren und die Straßen blockieren. Ähnlich wie die Angestellten des Onkels gehören auch sie zu den Opfern des Kapitalismus. Ausgebeutet in ihrer Arbeit, haben sie sich zusammengetan, um in „einer in winzigen Schritten sich bewegenden Masse" (48, 9) für mehr Lohn und bessere Arbeitsbedingungen zu kämpfen. Für Karl scheint dies alles keine Bedeutung zu haben. Er „lehnte froh in dem Arm, den Herr Pollunder um ihn gelegt hatte, die Überzeugung, daß er bald in einem beleuchteten, von Mauern umgebenen,

Scheinbare Sicherheit angesichts sozialer Probleme

Streikende Arbeiter 1912
in Lawrence, USA

von Hunden bewachten Landhause ein willkommener Gast sein werde, tat ihm über alle Maßen wohl" (48, 21 – 48, 24). Noch kann er nicht wissen, dass er seinen privilegierten Status schon in wenigen Stunden verlieren und selbst zur Unterschicht gehören wird. Die gesellschaftlichen Probleme, die sich momentan noch außerhalb des Autos – und damit außerhalb seines Lebens – abspielen, wird Karl bald selbst zu spüren bekommen.

Kapitel III: Ein Landhaus bei New York

Die angespannte Atmosphäre (49, 1 – 56, 5)

Das 3. Kapitel beginnt mit Pollunders und Karls Ankunft beim Landhaus. Sie erfahren von Klara, dass Herr Green, der etwas Wichtiges zu besprechen habe, schon auf sie wartet. Karl fühlt sich bei dieser Nachricht „wie in einer Ahnung befangen" (49, 28 – 49, 29) und beweist damit ein gutes Gespür, wird Green ihn doch bald ins Unglück stürzen. Doch auch die anderen sind keineswegs erfreut über den ungebetenen Gast, den sie offenbar schon häufig ertragen mussten. Und wirklich, Green verhält sich am Tisch laut, rücksichtslos und anmaßend. Mit Karl spricht er herablassend wie zu einem Kind und rügt dessen Appetitlosigkeit. Besonders übergriffig zeigt er sich gegenüber Klara, die er „Dingschen" (54, 1) nennt und „mit deutlicher Absicht […] berührte" (54, 8 – 54, 9). Als sei er nicht Gast, sondern der Hausherr, erhebt er sich schließlich vom Tisch und beendet die Mahlzeit. Danach zündet er sich, als wollte er seine Überlegenheit demonstrieren, eine dicke Zigarre an, deren Rauch sich im ganzen Raum verteilt.

Der abstoßende
Herr Green

Karl ist von diesem Benehmen angewidert, noch mehr irritiert ihn aber das Verhalten der anderen. Verwundert fragt er sich – und mit ihm der Leser –, weshalb Pollunder die Unverschämtheiten Greens duldet. Ist er finanziell abhängig von ihm, womöglich verschuldet? Verbindet die beiden ein anderes Geheimnis?[1] Der Erzähler lässt solche Fragen unbeantwortet und steigert damit nur die Rätselhaftigkeit der Situation. Karl jedenfalls, der Pollunder zunächst sympathisch gefunden und seine Nähe gesucht hat, geht nun, nachdem er dessen „schwachen Charakter" (54,32 – 54,33) kennengelernt hat, auf Abstand. Der dicke, gemütliche Mann, der wie ein väterlicher Freund aufgetreten war, hat viel von seiner Anziehung verloren. Unterstützung oder Schutz erwartet Karl nun nicht mehr von ihm.

Karls wachsende Distanz zu Pollunder

Kurz blickt er mit den Augen eines Mannes auf Klara – er ist „überrascht von der Schönheit" ihres Gesichtes, „von dem Glanz ihrer unbändig bewegten Augen" (55,3 – 55,5) und von ihrem eng anliegenden Rock –, dann fällt er verunsichert durch Greens Auftreten in die Rolle des Kindes zurück und sehnt sich nach seinem Onkel. Am liebsten würde er sofort aufbrechen, um noch am Morgen in New York zu sein. In einer infantilen[2], seinem Alter nicht entsprechenden Fantasie stellt er sich vor, wie er „den lieben Onkel, den er bisher immer nur bis hoch hinauf angezogen und zugeknöpft kannte, aufrecht im Bette sitzend, die Augen erstaunt zur Tür gerichtet, im Nachthemd überraschen" (55,22 – 55,24) würde. Offenbar von starken Schuldgefühlen getrieben, malt sich Karl ein gemeinsames Frühstück in ungezwungener, intimer Atmosphäre aus. Er hofft, die Beziehung zum Onkel würde von nun an, nachdem er seine Unfolgsamkeit eingesehen hat und reumütig zurückgekehrt ist, liebevoller und enger werden. Auch der Onkel, so stellt es sich Karl vor, denkt im Moment vielleicht ganz ähnlich und sehnt sich nach einem Wiedersehen.

Karls Sehnsucht nach dem Onkel

Die hier beschriebene Willkommensszene weckt Assoziationen an das biblische Gleichnis von der Rückkehr des ver-

---

[1] Wenig später, als die zwei Männer eng beisammensitzen, hat es tatsächlich den Anschein, als „werde hier etwas Verbrecherisches besprochen und kein Geschäft" (56,16 – 56,17).

[2] infantil: kindlich, unreif

Anklänge an das
biblische
Gleichnis von
der Rückkehr
des verlorenen
Sohnes

lorenen Sohnes, der von seinem Vater mit offenen Armen empfangen wird.[1] Doch bei Kafka herrschen andere Gesetze als im Neuen Testament. Karl wird wenig später erfahren müssen, dass der Onkel sich keineswegs verständnisvoll und gütig zeigt, sondern narzisstisch gekränkt. Statt der erhofften Versöhnung kommt es bald zur Verstoßung und endgültigen Trennung.

Klaras Zudringlichkeiten (56, 6 – 61, 28)

Zunächst aber verlassen Karl und Klara den Raum und sind das erste Mal mit sich allein. Nun nicht mehr unter den Augen ihres Vaters und Herrn Greens – und damit der gesellschaftlichen Kontrolle entzogen –, spielt Klara nicht mehr die Rolle der höflichen Tochter, sondern ist frech, fordernd und egoistisch. „[U]ngeduldig und fast schreiend" (57, 14) versucht sie, Karl davon abzuhalten, sein Zimmer für die Nacht zu betreten. Und als er sich ihrem Willen widersetzt, wird sie „[s]ichtlich bös" (57, 31) und stößt ihn fast aus dem Fenster. Wenn sie ihn dann mit ihren Armen umklammert und eine Art Ringkampf beginnt, ist ihre einstige Rolle gänzlich vergessen.

Klara fällt aus ihrer Rolle

Gerangel mit sexuellem Unterton

Sexuelle Assoziationen drängen sich dem Leser unweigerlich auf, erinnert das Gerangel doch an einen Geschlechtsakt mit Vorspiel und baldiger Überwältigung eines der Partner. So heißt es gleich am Anfang, dass Klara „auf ihren Rock" (57, 32) klatscht und Karl in „Erregung" (57, 35 – 57, 36) gegen die Brust stößt. Während des darauf folgenden Kampfes, in dem einmal sie, einmal er die Oberhand gewinnt, kommen sich beide körperlich so nahe, wie es in einem normalen Umgang zwischen zwei Fremden niemals denkbar wäre: „[D]as erhitzte Gesicht eng an seinem, er mußte sich anstrengen sie zu sehn, so nahe war sie ihm" (58, 12 – 58, 14). Spätestens wenn Klara in dieser Umklam-

---

[1] Vgl. Lukasevangelium 15,11–32.

merung „seufzt" (58, 15), dürfte es klar sein, dass hier nicht nur ein bloßer Streit dargestellt ist.

Alles deutet darauf hin, dass sich die Verführungsszene symbolisch wiederholt, wegen der Karl die elterliche Heimat verlassen musste. Die Rolle des Dienstmädchens hat nun Klara übernommen, die Choreografie[1] aber bleibt die gleiche. Wie ihn einst Johanna Brummer „würgend umarmte" (27, 29 – 27, 30) und „in ihr Bett legte" (27, 31 – 27, 32), so wird er nun von Klara aufs Kanapee gelegt und ebenfalls gewürgt. „Jetzt rühr Dich wenn Du kannst", sagt sie zu dem niedergerungenen Karl und demütigt ihn durch weitere Sätze, deren sadistisch-sexueller[2] Unterton kaum zu überhören ist: „[E]s verlockt mich geradezu riesig Dich zu ohrfeigen so wie Du jetzt daliegst. […] Und ich werde mich dann natürlich nicht mit einer Ohrfeige begnügen, sondern rechts und links schlagen, bis Dir die Backen anschwellen." (59, 5 – 59, 11) Im Gegensatz aber zur Szene in der Vergangenheit kommt es diesmal zur abrupten Unterbrechung. Als Klara plötzlich an ihren Verlobten denken muss – „Was wohl Mack sagen wird, wenn ich ihm das alles erzähle" (59, 24 – 59, 25) –, lässt sie Karl wieder los. Es scheint fast so, als fühlte sie sich auf frischer Tat ertappt.

Symbolische Wiederholung der früheren Verführungsszene

Karl ist durch Klaras unverschämtes Verhalten so gekränkt, dass er regungslos liegen bleibt und kein Wort mehr mit ihr spricht. Als er schließlich allein ist, will er Pollunders Haus nur noch verlassen, willkommen fühlt er sich nicht mehr. Offenbar von Rachegedanken bestimmt, stellt er sich vor, von Mack im Ringkampf unterrichtet zu werden. Wie schon beim Reitunterricht ist auch hier die mitschwingende Konnotation überdeutlich. Karl imaginiert zumindest unbewusst, in die Welt der Sexualität eingeführt zu werden und damit seine Kindheit zu verlassen. Eines Tages, so malt er

---

[1] Abfolge der Bewegungen
[2] sadistisch: Lust bei Quälereien empfindend

sich weiter aus, würde er dann wieder hierherkommen: Er „packte dann diese gleiche Klara und klopfte mit ihr das gleiche Kanapee aus, auf das sie ihn heute geworfen hatte" (61,26–61,28). Mit dieser Größenfantasie, in der er stark und potent ist, versucht er, die erlittene Demütigung zu überwinden.

Größenfantasie, um Demütigung zu überwinden

Auf dem Weg zurück in den Saal (61, 29–66, 17)

Als Karl in den Saal zu Pollunder und Green zurückkehren will, findet er sich im Gebäude trotz der Kerze in seiner Hand nicht mehr zurecht, „selbst bei Licht war es nicht leicht sich auszukennen" (61,32–61,33). Unsicher wie einst auf dem Schiff läuft er durch einen schier endlosen Gang, und je länger seine Suche anhält, desto mehr gewinnt man den Eindruck, als irrte er durch ein riesiges Labyrinth. „Da der Gang kein Ende nehmen wollte, nirgends ein Fenster einen Ausblick gab, weder in der Höhe noch in der Tiefe sich etwas rührte, dachte Karl schon daran, er gehe immerfort im gleichen Kreisgang in der Runde" (63,24–63,27). So spiegelt die Szene seine allgemeine Ausweglosigkeit parabelhaft wider, ist er doch im fremden Land – wie es die weitere Handlung zeigen wird – ebenso verloren wie hier. In dieser Situation muss er wieder an seinen Onkel denken. Die Vorstellung, mit ihm am nächsten Morgen über seine Erfahrungen zu sprechen, gibt ihm neue Hoffnung. Wie sehr er sich auch in dieser Hinsicht irrt, kann er zu diesem Zeitpunkt freilich nicht wissen.

Verloren im Labyrinth des Gebäudes

Seine Suche hat ein Ende, als ihm ein Diener mit einer Laterne entgegenkommt. „Karls Freude über dieses rettende Licht war so groß, daß er alle Vorsicht vergaß, und darauf zulief, schon bei den ersten Sprüngen löschte seine Kerze aus." (63,37–64,2) Er gibt sich, so ließe sich seine Reaktion interpretieren, vertrauensvoll in die Hände eines Erwachsenen, muss dafür aber wieder die Rolle des Kindes annehmen. Nach seinem Tagtraum, in dem er sich als „ganzer

Zurück in die Rolle des Kindes

Kerl" an Klara gerächt hat, kehrt er somit an seinen eigentlichen Platz zurück. Daher ist es kein Zufall, dass Karl den „großen weißen Vollbart" (64, 8) des Dieners „unverwandt der Länge und Breite nach" (64, 11 – 64, 12) betrachtet, symbolisiert dieser Bart – psychoanalytisch als Phallussymbol[1] zu deuten – doch eine Männlichkeit, die für ihn nicht erreichbar scheint. Noch unreifer mag er sich wenig später fühlen, als ihm der Diener Wachs aus dem Anzug entfernt, mit dem er sich bekleckert hat.

Karls Hilflosigkeit zeigt sich auch, wenn er schließlich erfährt, dass Mack der „Bräutigam" (65, 15) Klaras, also ihr Verlobter, ist. Anscheinend hatte es niemand für nötig gehalten, den Jungen davon in Kenntnis zu setzen. Umso stärker ist sein Erstaunen, vielleicht sogar sein Erschrecken über die Nachricht. „Wenn man solche Beziehungen nicht kennt, kann man ja die größten Fehler machen" (65, 18 – 65, 19), entgegnet er und denkt womöglich, ob bewusst oder unbewusst, an sein Gerangel mit Klara, das Mack sicherlich nicht gefallen hätte.

Gefährliches Beziehungsverhältnis

Die Gespräche mit Pollunder und Green (66, 18 – 73, 9)

Im Saal wird Karl noch weiter in die Kinderrolle gedrängt. Gerne duldet er, dass ihn Pollunder im Gespräch eng an sich heranzieht, „trotzdem er sich im allgemeinen doch für eine solche Behandlung allzu erwachsen fühlte" (67, 10 – 67, 11). Und auch bei seiner hastig vorgetragenen Bitte, „nachhause" (67, 7) gehen zu dürfen, erinnert er an einen

---

[1] Der Phallus, also der (erigierte) Penis, repräsentiert seit jeher die Potenz und Macht eines Mannes. Zahllose Dinge wie das Zepter eines Königs, ein stolz getragener Zylinder oder auch ein langer, breiter Bart lassen sich als Phallussymbole auffassen. Die psychoanalytische Literaturwissenschaft hat es sich zur Aufgabe gemacht, solche Symbole in literarischen Werken zu entdecken und sie im Kontext der Handlung zu interpretieren.

kleinen Jungen, der unter Heimweh leidet. Offenbar von Schuldgefühlen geplagt, kann er es kaum erwarten, zu seinem Onkel zurückzukehren und ihn um Verzeihung für seine „Unfolgsamkeit" (68, 7) zu bitten. „Ich habe seine Liebe zu mir einfach mißbraucht" (67, 37 – 68, 1), meint er und spricht später vom „Fehler den ich ihm gegenüber begangen habe" (69, 7). Hinter seinem Wunsch nach Aussprache und Versöhnung ist die Sorge erkennbar, im fremden Land ohne Unterstützung des Senators verloren zu sein. Und so weist Karl in seiner Rede auch auf die mangelnde Ausbildung hin, die er in Europa erfahren habe und nun unbedingt fortsetzen müsse. Indem er seine Abhängigkeit erkennt, scheint er sich dem Onkel nun ganz unterwerfen zu wollen. „Sie werden sicher zugeben", erklärt er Pollunder, „daß ich es mir bei solchen Verhältnissen nicht erlauben darf auch nur das geringste gegen seinen auch nur geahnten Willen zu tun." (69, 4 – 69, 6)

Während Karl so auf seinen Onkel fixiert ist, dass für ihn „Herrn Pollunders Güte und Herrn Greens Abscheulichkeit verschwammen" (69, 22 – 69, 23), werden für den Leser die Charakterunterschiede zwischen den beiden Männern in dieser Szene umso deutlicher. Pollunder wendet sich Karl bei dessen Eintreten sogleich wohlwollend zu, während Green ihn nicht beachtet und unbeteiligt in seinen Papieren herumwühlt. Wie sich herausstellen wird, sucht er nach dem Brief des Senators, den er um Mitternacht überreichen soll. Besonders boshaft handelt er, als er Karl auffordert, sich noch bei Klara zu verabschieden – vermutlich will er sicherstellen, den Jungen später noch anzutreffen. Er habe ihm nachher „etwas Interessantes zu sagen" (72, 16), meint er sarkastisch und offenbart damit seine sadistische Ader, die auch zum Vorschein kommt, wenn er Karl gönnerhaft die Mütze schenkt, die sich später als dessen eigene erweisen wird (vgl. 84, 13 – 84, 15). Offensichtlich genießt es Green, mit anderen zu spielen, sie zu täuschen und ins

Verderben zu führen. Doch auch Pollunder zeigt in dieser Szene nicht nur positive Wesenszüge. Hinter seiner zur Schau gestellten Gutmütigkeit verbirgt sich eine große Portion Feigheit. Er unternimmt zwar ein paar vage Versuche, Green in seiner Meinung über Karl umzustimmen und damit von der Übergabe des Briefes, von dessen Existenz er offenbar weiß, abzuhalten. Letztlich aber findet er sich mit der Situation ab, stimmt sogar zu, dass Karl noch zu seiner Tochter gehen müsse – auch wenn „die Worte nicht aus seinem Herzen kamen" (71, 35).

Der Abschied von Klara (73, 10 – 77, 24)

Auch danach muss Karl die Erfahrung machen, dass er nicht ernst genommen wird. So ignoriert der Diener seinen Wunsch, kurz in sein Zimmer einzutreten, und führt ihn stattdessen weiter zu Klara. Selbst Karls späterer, bewusst streng ausgesprochener Befehl, vor der Tür zu warten, und das „Trinkgeld" (75, 18), das er dem Mann gibt, können nicht verbergen, dass ihm als Heranwachsendem die nötige Autorität fehlt, um Respekt erwarten zu können.

Die Respekt-losigkeit des Dieners

Sein Gefühl der Bedeutungslosigkeit wird noch stärker, als er Klara zum Abschied auf dem Klavier vorspielt. Unverkennbar schwingt in dieser Szene wieder ein sexueller Unterton mit. So betont Karl, dass „ja doch schon Schlafenszeit" (75, 1) sei, und Klara „ordnete zerstreut die Falten ihres losen Nachtkleides, ihr Gesicht glühte und immerfort lächelte sie" (74, 9 – 74, 11). Zwischen den beiden scheint sich eine erotische Spannung aufzubauen, die schließlich in Karls Klaviervortrag mündet. Ähnlich wie ihr Ringkampf zuvor weckt auch dieses heimliche Musizieren sexuelle Assoziationen; nicht zufällig haben beide Angst, entdeckt zu werden: „Dann wiederhallt hier auch jeder Ton im ganzen Hause, ich bin überzeugt, wenn Sie spielen, wacht noch oben in den Dachkammern die Dienerschaft auf." (74, 19 – 74, 21) So

Karls stümperhaftes Klavierspiel

erregt Klara anfangs war, so ernüchtert ist sie nach dem Klavierspiel, allzu stümperhaft waren Karls Bemühungen. „Man saß wie benommen da und rührte sich nicht." (76, 3) Karl selbst schämt sich für seine schwache Leistung und sieht „Klara mit Tränen in den Augen an" (76, 16 – 76, 17). Er muss sich eingestehen – so ließe sich aus psychoanalytischer Perspektive sagen –, dass er noch nicht reif genug ist, um die Bedürfnisse einer Frau zu befriedigen. Dies ist im

Im ödipalen Dreieck

ödipalen Dreieck die Aufgabe einer starken Vaterfigur, die hier in Gestalt Macks auch sogleich in Erscheinung tritt. Nun erst erfährt Karl – und mit ihm der (vermutlich ebenso erschrockene) Leser –, dass Klaras Bräutigam die ganze Zeit über im Bett nebenan lag und dem unbeholfenen Vortrag lauschte. Während Klara „nur noch Augen für Mack" (76, 33 – 76, 34) hat, scheint Karl sprichwörtlich vor Scham im Boden zu versinken: „Wenn ich gewußt hätte, daß Sie zuhören, hätte ich bestimmt nicht gespielt." (77, 3 – 77, 4) Seine Schwäche wird ihm angesichts des talentierten und potenten Macks, der Karls Klavierspiel „anfängerhaft" (77, 9) nennt und sich mit doppelsinniger Ironie auch über seine „Reitkunst" (77, 2) lustig macht, besonders schmerzlich bewusst. In diesem Moment wird Karl endgültig in die Rolle des Kindes zurückgewiesen.

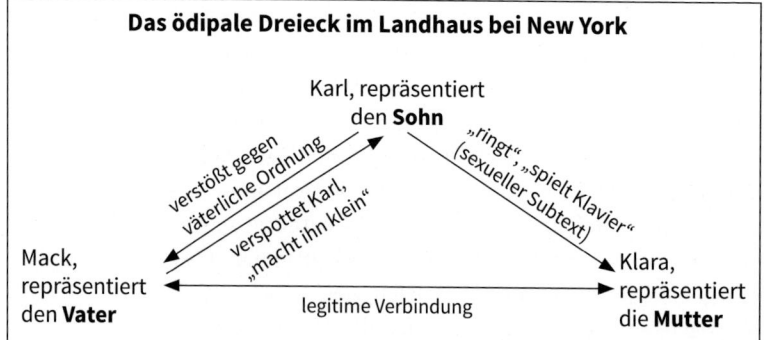

Das ödipale Dreieck im Landhaus bei New York

Karl, repräsentiert den **Sohn**

verstößt gegen väterliche Ordnung

verspottet Karl, „macht ihn klein"

„ringt", „spielt Klavier" (sexueller Subtext)

Mack, repräsentiert den **Vater**

legitime Verbindung

Klara, repräsentiert die **Mutter**

Die Verstoßung (77, 24 – 81, 32)

Noch schlimmer ergeht es ihm wenig später, kurz nach Mitternacht. Schon lange eine subtile Bedrohung gespürt, erlebt Karl nun tatsächlich eine böse, folgenschwere Überraschung. Green überreicht ihm einen Brief, in dem ihn sein Onkel verstößt. Als ein „Mann von Principien" (78, 19) könne er es nicht dulden, dass man seinen Erwartungen nicht folgt. „Du hast Dich gegen meinen Willen dafür entschieden, heute Abend von mir fortzugehn, dann bleibe aber auch bei diesem Entschluß Dein Leben lang" (78, 32 – 78, 35). Trotz der eloquenten, also redegewandten, Rechtfertigung seiner Entscheidung und der vielen Höflichkeitsfloskeln, die ihren Höhepunkt in dem heuchlerisch anmutenden Gruß „Dein treuer Onkel Jakob" (79, 10) finden, ist der Ärger des Senators zwischen den Briefzeilen deutlich erkennbar. Seine narzisstische Kränkung ist offenbar so stark, dass er nichts mehr mit seinem Neffen zu tun haben will. Selbst ein zufälliges Wiedersehen müsse „unbedingt vermieden werden" (79, 37 – 80, 1).

Die Rache des Onkels

Dabei ist Karls Ungehorsam gegenüber dem Onkel nur der oberflächliche, gleichsam der Handlung geschuldete Grund für seine Bestrafung. Auf psychoanalytischer Ebene werden noch andere Zusammenhänge deutlich. Demnach hat Karl die väterliche Ordnung verletzt, indem er, wenn auch ohne Erfolg, aus der Position des Kindes in die Position des Mannes gedrängt ist. Wie oben bereits gezeigt, lassen sich sowohl der Ringkampf mit Klara als auch das nächtliche Klavierspiel als solche Bewegungen interpretieren. In symbolischer Weise hat sich damit das Vergehen wiederholt, aufgrund dessen Karl von seinen Eltern getrennt worden ist. Wie damals, als er das Dienstmädchen geschwängert hat, wird er auch diesmal bestraft und muss die neu gefundene Heimat verlassen.

Verletzung der väterlichen Ordnung

Auf einmal sieht er sich in der gleichen Situation wie bei seiner Ankunft in Amerika wieder, sogar seinen Koffer hat er zurückbekommen. Fast scheint es, als wäre die Zeit beim Onkel nur ein flüchtiger Traum gewesen. Ohne die Obhut des Senators hat Karl seinen gesellschaftlichen Status verloren, auch Pollunders Haus ist nicht mehr der richtige Ort für ihn: Er selbst meint, dass er „als Fremder hier nichts zu suchen" (80, 13 – 80, 14) hat. Dementsprechend respektlos behandelt ihn nun auch Herr Green. Ohnehin verärgert darüber, dass Karl seine List bezüglich der verzögerten Briefübergabe erkannt hat, vergisst er jeden Anstand und schiebt den Jungen am Ende wie einen Gegenstand hinaus. Karl ist nun völlig auf sich allein gestellt, allen möglichen Gefahren ausgeliefert. Haben ihm die Wachhunde, „die losgelassen ringsherum im Dunkel der Bäume liefen" (81, 22 – 81, 23), zuvor noch ein Gefühl der Sicherheit vermittelt, kann er jetzt froh sein, dass sie ihm nichts antun. Nachdem er das Grundstück verlassen hat, fehlt ihm jeder Plan für die weitere Zukunft. „Er wählte also eine beliebige Richtung und machte sich auf den Weg." (81, 31 – 81, 32)

Allein auf sich gestellt

Brooklyn Bridge und Manhattan

Rückblick: Die Drei-Phasen-Struktur der „Onkel-Episode"

Blickt man auf die ersten drei Kapitel zurück, so wird deutlich, dass sie eine zusammenhängende Einheit ergeben, die man beispielsweise als „Onkel-Episode" betiteln könnte. Diese Episode besteht aus drei Phasen, die jeweils durch die existenzielle Situation des Protagonisten – nämlich durch dessen Zustand „verstoßen" oder „geborgen" – bestimmt sind.[1]

Zusammenhängende Einheit

So befindet sich Karl im 1. Kapitel zunächst in der Situation des „Verstoßen"-Seins: Von seinen Eltern aus der Heimat vertrieben und ins fremde Land Amerika geschickt, ist er bei der Ankunft in New York völlig mittellos, seine Ausgangslage dementsprechend bedrückend. Seine Situation ändert sich grundsätzlich durch das Auftauchen des Onkels und dessen Bereitschaft, ihn bei sich aufzunehmen. Spätestens in dem Moment, wenn Karl einwilligt, mit dem Senator das Schiff zu verlassen, ist er in einem „geborgenen" Zustand, ein zentraler Wendepunkt ist durchschritten. So lässt sich das 1. Kapitel als Phase des „Übergangs" innerhalb der gesamten Episode beschreiben.

1. Kapitel: „Übergang"

Das 2. Kapitel schildert den Aufenthalt beim Onkel. Bis zum Ende ist Karl in der Situation der „Geborgenheit". Er lernt den Senator näher kennen und wird vertrauter mit ihm, nutzt die ihm gebotenen Annehmlichkeiten, erhält Englisch- und Reitunterricht. Kurz: Er lebt sich allmählich in der neuen Heimat ein. Dabei ändert sich sein Zustand nicht, es gibt also keinen Wendepunkt. Insgesamt handelt es sich beim 2. Kapitel um eine Phase der „Ruhe", in der Karl das Gefühl existenzieller Sicherheit genießen kann.

2. Kapitel: „Ruhe"

---

[1] Diese Ausführungen zur Handlungsstruktur des Romans basieren auf Michael Scheffels Aufsatz: Paradoxa und kein Ende – Franz Kafkas Romanprojekt „Der Verschollene". In: Das Paradoxe. Literatur zwischen Logik und Rhetorik. Festschrift für Ralph-Rainer Wuthenow zum 70. Geburtstag. Hrsg. von Carolina Romahn und Gerold Schipper-Hönicke. Würzburg 1999, S. 251–263.

Im 3. Kapitel wechselt der Zustand von „geborgen" zu „verstoßen". Nachdem sich Karl gegen den Willen seines Onkels für den Besuch bei Herrn Pollunder entschieden hat, wird er zur Strafe fortgeschickt, muss also die einstige Sicherheit, die ihm das Leben in New York geboten hat, wieder aufgeben. Der Wendepunkt findet in dem Moment statt, in dem Karl den Abschiedsbrief seines Onkels erhält.

3. Kapitel: „Konflikt"

Diese Phase könnte man als den „Konflikt" innerhalb der Episode bezeichnen.

Die „Onkel-Episode"

	1. Kapitel	2. Kapitel	3. Kapitel
Titel:	*Der Heizer*	*Der Onkel*	*Ein Landhaus bei New York*
Phase:	Übergang	Ruhe	Konflikt
Karls Zustand:	verstoßen/ geborgen	geborgen	geborgen/verstoßen
Wendepunkt:	Karl wird vom Onkel aufgenommen.	–	Karl erhält den Brief vom Onkel.

Die „Hotel-Episode" als nächste Episode

Wie im Folgenden zu sehen sein wird, beginnt mit dem 4. Kapitel eine nächste Episode – die „Hotel-Episode" –, die sich ebenfalls in die drei Phasen des „Übergangs" (4. Kapitel), der „Ruhe" (5. Kapitel) und des „Konflikts" (6. Kapitel) mit den entsprechenden Zuständen des Protagonisten („verstoßen" oder „geborgen") und den jeweiligen Wendepunkten einteilen lässt.

Kapitel IV: Der Marsch nach Ramses

In der Pension (82, 1 – 89, 13)

Schwieriger Neuanfang

Verstoßen von seinem Onkel und das erste Mal allein unterwegs im fremden Land, erfährt Karl bald, wie rau das Leben ohne Privilegien und Unterstützung ist. Um Geld zu sparen, verlangt er in einer Pension „die billigste Bettstelle, die zu haben war" (82, 4 – 82, 5), und wird vom Wirt und der Zimmerfrau entsprechend abfällig behandelt. Auch seine zwei Zimmergenossen, die in ihrer Straßenkleidung schlafen und daher „wenig vertrauenswürdig" (82, 19) wirken, verheißen nichts Gutes. Karl jedenfalls nimmt sich vor, wach zu bleiben und auf seine Habseligkeiten zu achten. Wie berechtigt sein Misstrauen gegenüber den beiden Gestalten ist, wird sich in der weiteren Handlung noch zeigen.

In dieser Situation wird er von großem Heimweh erfasst. Er öffnet zunächst seinen wiedergewonnenen Koffer, der bereits im 1. Kapitel die Verbindung zu seinen Eltern symbolisiert hat, und ist erleichtert darüber, dass noch alles vorhanden ist. Danach greift er zu seiner „Taschenbibel" (84, 12) und blättert darin, womöglich sind mit ihr schöne Kindheitserinnerungen verknüpft. Am intensivsten beschäftigt er sich mit der Fotografie seiner Eltern, die ebenfalls im Koffer liegt. Karl versetzt sich beim Betrachten des Bildes gleichsam in die Zeit zurück, in der er noch seinen festen Platz innerhalb der familiären Ordnung hatte. Es scheint, als hoffe er, unter den Augen seiner Eltern diese frühere Position des Sohnes zurückzuerlangen. So erinnert er sich an eine andere Fotografie, auf der ihn seine Eltern „scharf" (86, 10) anschauen, und auch auf der jetzigen Abbildung „suchte [er] von verschiedenen Seiten den Blick des Vaters aufzufangen" (86, 13 – 86, 14). Dieser Blick, könnte man psychoanalytisch interpretieren, würde ihn zum Objekt seines Vaters machen und damit wieder unter dessen – strenge, aber auch schützende – Kontrolle stellen.

Neben der Sehnsucht nach der einstigen Heimat werden in dieser Szene aber auch die starken Schuldgefühle deutlich, die Karl gegenüber seinen Eltern hat. So erscheint ihm das Gesicht seiner Mutter auf der Fotografie schmerzvoll verzerrt, „ihr Mund war so verzogen, als sei ihr ein Leid angetan worden und als zwinge sie sich zu lächeln" (86, 19 – 86, 20).

Heimweh

Schuldgefühle

Nichts scheint Karl in diesem Moment wünschenswerter zu sein, als sich mit seinen Eltern zu versöhnen und von ihnen wieder als ihr Kind an- und aufgenommen zu werden. Sein Blick fällt auf „die Hand der Mutter, [...] zum Küssen nahe" (86, 27 – 86, 28). Er überlegt sich sogar, ob er nicht einen Brief in die Heimat schicken sollte, gleichsam als Entschuldigung und Eingeständnis des eigenen Scheiterns. „Und lächelnd prüfte er die Gesichter der Eltern, als könne man aus ihnen erkennen, ob sie noch immer das Verlangen hatten, eine Nachricht von ihrem Sohn zu bekommen" (87, 4 – 87, 6).

Vermutlich wären sie über seine momentane Situation mehr als entsetzt. Vor allem die Gesellschaft, in der sich Karl auf einmal befindet, gibt Anlass zur Sorge. Der fragwürdige Eindruck, den die zwei Männer im Zimmer bereits bei seiner Ankunft gemacht haben, bestätigt sich bald. „Sie waren beide sehr junge Leute, aber schwere Arbeit oder Not hatten ihnen vorzeitig die Knochen aus den Gesichtern vorgetrieben, unordentliche Bärte hiengen ihnen ums Kinn, ihr schon lange nicht geschnittenes Haar lag ihnen zerfahren auf dem Kopf" (84, 33 – 84, 37). Es handelt sich um den Franzosen Delamarche und den Iren Robinson, zwei arbeitslose Maschinenschlosser auf der Suche nach einem Job. Dass sie nicht nur „ziemlich heruntergekommen" (87, 24 – 87, 25) sind, sondern auch keine Manieren haben, merkt Karl am nächsten Morgen, als er wach gekitzelt wird. Sie überreden ihn, seinen guten Anzug verkaufen zu dürfen – und machen dabei offenbar selbst das größte Geschäft. Welch einfachem, ja asozialem Milieu sie angehören, zeigt sich auch, als sie die Zimmerfrau später ungeniert am „Rock" (88, 24) und „Rücken" (88, 25) anfassen, dem Wirt mit Schlägen drohen und ihren Morgenkaffee direkt aus der Kanne trinken, die Robinson am Ende noch absichtlich auf den Boden wirft. Keine Frage: Dieser Umgang muss auf Karl nach seiner Zeit in der New Yorker

Asoziales Milieu – Karls sozialer Absturz

Oberschicht wie ein Schock wirken, und mit Befremden nimmt er zur Kenntnis, dass die Zimmerfrau ihn und die „zwei Lumpen" (87, 2) bereits „als eine einzige Bande" (88, 32) behandelt. Sein sozialer Absturz hätte kaum schlimmer sein können.

Der gemeinsame Marsch (89, 13 – 97, 18)

Trotz aller Skepsis schließt sich Karl den Männern an und wandert mit ihnen in Richtung Butterford, wo sie Arbeit zu finden erhoffen. Dieser Marsch ist untermalt von detaillierten Schilderungen des fremden Landes. So erfährt der Leser vom starken, durch Polizisten geregelten Autoverkehr auch außerhalb der Städte, der sich als Sinnbild für die wachsende Modernisierung Amerikas deuten lässt. Noch ausführlicher sind die Landschafts- und Naturbeschreibungen, die einen Eindruck von der Weite und Ursprünglichkeit des Kontinents vermitteln. „Aller Nebel war schon verschwunden", heißt es einmal, „in der Ferne erglänzte ein hohes Gebirge, das mit welligem Kamm in noch ferneren Sonnendunst führte. An der Seite der Straße lagen schlecht bebaute Felder, die sich um große Fabriken hinzogen, die dunkel angeraucht im freien Lande standen." (91, 9 – 91, 13) Zur Atmosphäre tragen auch Details aus dem amerikanischen Alltag bei.

Beschreibungen des fremden Landes

So essen Karl und seine Begleiter in einem Wirtshaus „fast rohes Fleisch, das man mit Messer und Gabel nicht zerschneiden, sondern nur zerreißen konnte" (93, 35 – 93, 36), und trinken dazu „eine schwarze Flüssigkeit [...], die im Halse brannte" (94, 1 – 94, 2) – Beschrei-

Highway in Amerika

bungen, die die damalige Leserschaft sicherlich interessiert haben, waren blutige Steaks und Coca-Cola seinerzeit in Europa doch weitgehend unbekannt.

Kapitalistisches Wirtschaftssystem

Typisch für Amerika ist aber vor allem das kapitalistische Wirtschaftssystem, dessen Einfluss während des Marsches wiederholt deutlich wird. Einmal werden die drei Wanderer aufgefordert, in einen Lastwagen zu steigen, um sich als „Hafenarbeiter der Spedition Jakob" (90, 18) zu verdingen[1]. Später lesen sie in den Zeitungen von einem „Streik der Bauarbeiter" (94, 10), der die Existenz von Macks Vater, dem „größte[n] Bauunternehmer New-Yorks" (94, 12 – 94, 13), bedroht. Schon diese Beispiele geben eine Ahnung von der ungeheuren Macht der Wirtschaft. Sie regelt und steuert aber nicht nur anonyme gesellschaftliche Prozesse, Arbeitsstrukturen, Besitzverhältnisse und Lebensläufe, sondern durchdringt auch den privatesten Bereich und prägt alle zwischenmenschlichen Beziehungen.

Diese Erfahrung muss auch Karl mit Delamarche und Robinson machen. Zunächst sieht es zwar danach aus, als hätte er in ihnen neue Freunde gefunden. So versprechen sie Karl beim Blick auf das in der Ferne liegende New York, ihm eines Tages alles Sehenswerte der Stadt zu zeigen, um ihm den jetzigen Abschied zu erleichtern. Später singen und klatschen sie fröhlich unter dem freien Himmel, scheinen den Jungen bereits in ihr Herz geschlossen zu haben.

Die Bedeutung des Geldes

Aber ganz nach dem Sprichwort „Bei Geld hört die Freundschaft auf" ändert sich die Situation, als es ums Bezahlen im Wirtshaus geht.[2] „Nie waren Hände rascher aufgeflogen,

---

[1] Das Verb „verdingen" (d. h. eine Lohnarbeit, einen Dienst annehmen) ist zwar veraltet, wurde hier aber bewusst gewählt, weil es die im Kontext des Kapitalismus aufschlussreiche Assoziation von „zu einem Ding werden" wachruft.

[2] Welch zentrale Rolle finanzielle Aspekte in der Beziehung zwischen den drei Figuren spielen, ist bereits daran erkennbar, dass das Wort „Geld" in der vorliegenden Textpassage über 20-mal auftaucht.

als jene von Delamarche und Robinson, die auf Karl zeigten." (94, 33 – 94, 35) Wie selbstverständlich gehen sie davon aus, dass er die Zeche übernimmt. Die Stimmung zwischen ihnen wird noch angespannter, als Karl, der die Münzen verdeckt vor den Blicken der anderen aus seiner „Geheimtasche" (95, 4) hervorgekramt hat, irrtümlich einen viel zu hohen Betrag auf den Tisch legt: „Der Klang des Geldes unterbrach sofort die Scherze." (96, 2 – 96, 3) Zu seiner „große[n] Verlegenheit" (96, 7) ist mit einem Mal klar, dass er mehr besitzt als anfangs behauptet – das Misstrauen, vor allem aber das Begehren seiner Begleiter ist geweckt.

Der Besuch des Hotels (97, 19 – 102, 29)

Nachdem ein Nachtlager im Freien gefunden worden ist, geht Karl zu dem nahe gelegenen Hotel occidental, um Abendessen zu besorgen. Er gelangt in einen riesigen, lauten Saal, in dem sich zahllose Gäste von einem Buffet bedienen, um das sich eine ganze Armee von „unermüdlich laufenden Kellnern" (100, 3) kümmert. Wie in der vorangegangenen Handlung schon häufiger steht Karl auch in dieser Szene einem neuen Milieu gegenüber, das ihn fasziniert, aber auch unsicher macht. Er, „der die hiesigen Verhältnisse nicht kannte" (99, 12 – 99, 13), wundert sich, dass man alle Speisen vor dem Verzehr mit einer Flüssigkeit aus einer großen Flasche übergießt. Später sieht er „Schüsseln mit häringsartigen Fischen" (98, 28), die er ebenfalls nicht kennt, aber als zu teuer für ihn einschätzt. Sein gelerntes Englisch bringt ihn nicht weiter: Er wird von den Leuten ebenso wenig verstanden, wie er sie versteht, offenbar sprechen sie einen starken Dialekt. Auch ihr Benehmen irritiert ihn, etwa ihre „Sitte, die Ellbogen aufzustützen und die Faust an die Schläfe zu drücken" (98, 8 – 98, 10) – eine Angewohnheit, die in seiner Heimat verpönt war. Kein

Andere Länder, andere Sitten

Wunder also, dass sich Karl fremd und verloren im Saal vorkommt, zumal ihn niemand beachtet.

Aus dieser unangenehmen Situation befreit ihn die Oberköchin, an die er sich Hilfe suchend wendet. Die dicke, gutmütige Frau, die „eine Ausnahme vom allgemeinen Lärm und Jagen bedeutete" (99, 24 – 99, 25), schenkt ihm sogleich ihre Aufmerksamkeit und fragt ihn „freundlich und in einem Englisch klar wie die Grammatik" (99, 32 – 99, 34)

Die Oberköchin als Mutterfigur nach seinen Wünschen. Einer besorgten Mutter gleich, führt sie ihn dann in die „großen kühlen Vorratskammern" (100, 5), füllt einen Korb mit Essen und lädt Karl schließlich sogar ein, im Hotel zu übernachten. Wieder scheint das Glück auf seiner Seite zu sein. Ähnlich wie einst der Onkel, der plötzlich auftauchte und sein weiteres Schicksal bestimmte, repräsentiert nun die Oberköchin eine neue Heimat für ihn. Doch die Kehrseite dieser Verlockung deutet sich bereits zu Beginn an, als sie Karl mit „Kleiner" (99, 35) anspricht, und zeigt sich später noch stärker, als sie ihn wegen seiner dankenden Ablehnung rügt: „,Sie sind starrköpfig', sagte die Frau und sah von ihm weg, ,man meint es gut mit Ihnen, möchte Ihnen gern behilflich sein und Sie wehren sich mit allen Kräften.'" (102, 6 – 102, 8) Kurz darauf wirft sie ihm vor, „nicht recht" (102, 17) zu handeln, und scheint reservierter zu werden. So zeichnet sich das gleiche Dilemma ab, mit dem Karl bereits einmal konfrontiert war: Wieder bietet ihm eine Elternfigur Unterstützung an, erwartet von ihm im Gegenzug aber, in die Rolle des Kindes zurückzufallen und sich ganz ihrem Willen zu beugen. Noch entscheidet sich Karl für seine Freiheit und geht. Doch der Abschiedsgruß der Oberköchin „Auf Wiedersehen morgen!" (102, 18), mit dem sie ihn auch an die Rückgabe des Korbs erinnert, lässt die künftige Entwicklung erahnen.

Die Trennung von Delamarche und Robinson (102, 30 – 108, 11)

Bei seiner Rückkehr zum Nachtlager findet Karl seinen Koffer aufgebrochen und durchwühlt vor. Nachdem er in seiner Naivität zunächst heimliche „Diebe" (103, 1) vermutet hat, stellt sich bald heraus, dass seine beiden Weggefahrten die Übeltäter sind: Sie selbst haben „das Schloß solange gekitzelt, bis es sich aufgetan hat" (103, 10 – 103, 4), gibt Delamarche zu, scheint sich hierbei aber keiner Schuld bewusst zu sein. Der Vertrauensbruch ist so stark, dass Karl nicht länger bei ihnen bleiben will. Alle Höflichkeiten und Rücksichten sind nun vergessen. Es entsteht ein Streit voller gegenseitiger Vorwürfe, der immer aggressiver wird („Also nur immer Achtung aufs Maul!"; 105, 2 – 105, 3) und, beginnend mit einem „leichten Stoß" (104, 26) Delamarches, allmählich zur Prügelei auszuarten droht. Eine weitere Eskalation wird nur durch das Auftauchen eines Kellners verhindert, der im Auftrag der Oberköchin den Korb zurückholen soll und Karl nochmals zur Übernachtung im Hotel auffordert. Dieser nimmt die Einladung nun auch gerne an und distanziert sich damit deutlich von Delamarche und Robinson.

Vertrauensbruch und eskalierender Streit

Die Kluft zu ihnen wird noch größer, als Karl bemerkt, dass die Fotografie seiner Eltern verschwunden ist, und er deshalb mit dem Kellner ihre Taschen durchsucht. Waren die beiden kurz zuvor noch seine „Kameraden" (107, 20), mit denen er eine gemeinsame Zukunft geplant hat, behandelt er sie nun wie Verbrecher, die keinen respektvollen Umgang verdienen. Es spricht für Karls Sensibilität, dass er sich in dieser Situation – sogar noch nachdem er eine seiner Krawatten bei Robinson gefunden hat – fragt, ob er an ihnen „vielleicht ein großes Unrecht begehe" (107, 20). Ihm ist bewusst, wie demütigend die Leibesvisitation für sie sein muss. Dementsprechend unwohl fühlt sich Karl, zumal die Suche erfolglos endet: Die Fotografie bleibt verschwun-

Wachsende Kluft

den und taucht auch in der weiteren Handlung nicht mehr auf. Eine Schuld Delamarches und Robinsons ist zwar wahrscheinlich, lässt sich aber nicht wirklich beweisen.

In dem Augenblick, in dem Karl die Einladung des Kellners annimmt und sich gegen seine Gefährten entscheidet, ist der Wendepunkt erreicht. Wie im 1. Kapitel, als er sich seinem Onkel anschließt, gelangt er auch jetzt vom „verstoßenen" in den „geborgenen" Zustand. Insofern handelt es sich bei diesem 4. Kapitel wieder um die Phase des „Übergangs" innerhalb einer Drei-Phasen-Episode. Karl steht nun kurz davor, eine neue Heimat zu finden. Seine einstige Heimat in Europa rückt damit in noch weitere Ferne, was auch durch das Verschwinden der Fotografie symbolisiert wird. So ist es nur verständlich, dass ihn der Verlust derart schmerzt: „Sie ist nämlich unersetzlich, ich bekomme keine zweite" (106, 33 – 106, 34).

Wendepunkt von „verstoßen" zu „geborgen" *(Randnotiz)*

Kapitel V: Im Hotel occidental
Die Einquartierung (109, 1 – 117, 30)

Beginnende Phase der „Ruhe" *(Randnotiz)*

Das 5. Kapitel – und damit die Phase der „Ruhe" innerhalb der „Hotel-Episode" – beginnt mit Karls Begrüßung durch die Oberköchin, die sich nun als Grete Mitzelbach vorstellt. Sie ist 50 Jahre alt, kommt aus Wien, lebt aber schon seit 30 Jahren in Amerika. Wieder zeigt sie sich hilfsbereit und bietet Karl einen Job als Liftjunge im Hotel an. „Sie haben jeden Tag die Möglichkeit, zu etwas Besserem zu gelangen", verspricht sie ihm. „Für alles übrige lassen Sie mich sorgen!" (110, 28 – 110, 29) Wie sich bereits in den Vorratskammern angedeutet hat, stellt sie für Karl eine Art Mutterfigur dar, was sich auch darin ausdrückt, dass sie nicht nur aus Europa stammt, sondern sogar einige Monate in seiner Heimatstadt Prag gelebt hat. Hierbei ist es allerdings bezeichnend, dass das Gasthaus „Goldene Gans", in dem sie angestellt war, „vor zwei Jahren niedergerissen worden"

(110, 16 – 110, 17) ist, wie sich Karl sogleich erinnert: Mutter und Heimat lassen sich, so könnte man dies interpretieren, durch keine noch so glückliche Fügung ersetzen. Dennoch nimmt Karl die Unterstützung der Oberköchin dankbar an und freut sich darüber, sogar in einem Zimmer ihrer Wohnung übernachten zu dürfen – „behaglichere Umgebung konnte er für einen langen ungestörten Schlaf gar nicht wünschen" (113, 14 – 113, 15). Tatsächlich sieht alles danach aus, als sei die Zeit der existenziellen Gefahr und Ungewissheit nun vorüber: Sogar „[s]ein Koffer war richtig hergestellt und wohl schon lange nicht in größerer Sicherheit gewesen" (113, 20 – 113, 21).

Als Karl schließlich allein in seinem Zimmer ist, fallen ihm verschiedene, auf einem Schrank stehende Fotografien auf: Sie „stellten in der Mehrzahl Mädchen dar, die […] dem Beschauer zugewendet waren und doch mit den Blicken auswichen" (113, 26 – 113, 30). Wie sehr sich seine Situation und Stimmung nun verändert haben, wird besonders deutlich, wenn man diese Szene mit jener in der Pension vergleicht, in der er kurz zuvor noch die Fotografie seiner Eltern angeschaut hat. Während er sich damals klein und ohnmächtig gefühlt und den elterlichen Blick wie zur Stütze gesucht hat, wirkt er jetzt voller Zuversicht und so stark, dass die Betrachteten nun *seinem* Blick auszuweichen scheinen. Die Vermutung ist sicherlich nicht abwegig, dass er als Heranwachsender beim Anblick der jungen Frauen auch sexuelles Begehren empfindet. Bei ihrer Betrachtung sehnt er sich gleichsam danach, zum Mann zu werden und damit einen respektierten Platz in der Gesellschaft zu finden. Dafür spricht auch, dass ihm unter den Fotografien der Herren „das Bild eines jungen Soldaten" besonders beeindruckt, „der […] stramm mit seinem wilden schwarzen Haar dastand und voll von einem stolzen aber unterdrückten Lachen war" (113, 31 – 113, 34). Zumindest unbewusst scheint sich Karl mit diesem Soldaten zu identifizieren. Er

Gewachsene Zuversicht und Stärke

stellt sich gewissermaßen eine Existenz vor, in der er eben- so selbstsicher im Leben steht wie der Betrachtete. Gerade im Hotel angekommen und voller Hoffnung auf seine wei- tere Zukunft, glaubt er, nun endlich erwachsen zu werden.

Die zwei Foto-Szenen im Roman

1. Szene (86, 2 – 87, 11)	2. Szene (113, 22 – 114, 3)
Karl betrachtet in der Herberge eine Fotografie seiner Eltern.	Karl betrachtet im Hotel occiden- tal Fotografien junger Menschen.
• hat Heimweh	• öffnet sich sozial
• sehnt sich nach Eltern	• begehrt junge Frauen
• hat Schuldgefühle gegenüber Eltern	• identifiziert sich insgeheim mit Soldat
• fühlt sich hilflos, passiv	• fühlt sich stark, aktiv
• will in Vergangenheit zurück	• sieht Zukunft entgegen
→ Sehnsucht nach **Position des Kindes**	→ Sehnsucht nach **Position des Erwachsenen**

Noch verhält sich Karl allerdings wie ein schüchterner Jun- ge. Als die Sekretärin der Oberköchin, die im Nebenzimmer wohnt, an seine Tür klopft und hereinkommen will, scheint er mehr erschreckt als erfreut. Bevor er öffnet, will er sich „zuerst anziehn" (114, 18), lässt sich dann zwar überreden, sich einfach so ins Bett unter die Decke zu legen, macht aber „außerdem noch das elektrische Licht" (114, 21) an. Allzu große Intimität soll bei dieser ersten Begegnung of- fenbar vermieden werden. Gemäß den Anstands- und Sitt- lichkeitsregeln seiner Zeit will Karl von vornherein aus- schließen, dass es zu zweideutigen, erotisch aufgeladenen Situationen mit der fremden Frau kommt. Diese Sorge ist

freilich unbegründet: Die aus Pommern[1] stammende Therese Berchtold ist zwar schon 18 Jahre alt, sieht aber noch
wie ein „Schulmädchen" (108, 10) aus – sie selbst meint,
„in der Entwicklung ein wenig zurückgeblieben" (115, 23)
zu sein. Dementsprechend unsicher und verschämt gehen
die zwei jungen Leute miteinander um, ihre Unschuld ist
geradezu rührend. Karl bleibt während des gesamten Gesprächs ausgestreckt liegen, „um bis an den Hals zuge-
deckt sein zu können", und als Therese sich etwas „eng
zum Kanapee" (114, 34) setzt, rückt er sogleich ein Stück
von ihr fort. Im Gegensatz zu Johanna Brummer, die ihn in
der Heimat verführt hat, und auch zu Klara Pollunder, die
ihm gegenüber kaum weniger sexuell fordernd auftrat,
scheint Therese keine heimlichen Absichten zu haben. Und
erst am Ende, als sie „mit der Hand zum Abschied sanft
über seine Decke" (117, 29) fährt, deutet sich an, dass doch
auch sie an der Schwelle zur Frau steht und sich ebenfalls
nach Zärtlichkeit und Berührung sehnt.

Unsicherer und verschämter Umgang

In der Unterhaltung erfährt Karl auch von den Schattenseiten des Hotelbetriebs. Nach-
dem er schon bei seiner Ankunft
bemerkt hat, dass im Büro bis in
die Nacht Briefe diktiert werden
(vgl. 109, 1 – 109, 10), er wenig
später einen vor Erschöpfung
eingeschlafenen Liftjungen gesehen (vgl. 111, 31 – 112, 37)
und schließlich auch von der
Nervosität der Oberköchin gehört hat (vgl. 113, 1 – 113, 9), bestätigt ihm Therese nun seine

Schattenseiten des Hotels

Amerikanisches Hotel um 1910

---

[1] Zur Zeit der Romanentstehung eine Region im Nordosten Deutsch-
lands. Seit dem Ende des Zweiten Weltkriegs gehört ein Teil Pom-
merns zum Nordwesten Polens.

ersten Eindrücke: „Man stellt hier sehr große Ansprüche" (115, 19), betont sie und klagt dann über ihre eigene berufliche Belastung. Obwohl sie mittlerweile „die schwere Arbeit" (115, 18) eines Küchenmädchens nicht mehr leisten muss, sondern als Sekretärin besser- und sicherer gestellt ist, plagen sie Selbstzweifel und Ängste: „Es ist eine Sünde das zu sagen, aber oft und oft fürchte ich wahnsinnig zu werden." (116, 29 – 116, 30) Außerdem leidet Therese unter großer Einsamkeit und freut sich daher, Karl ihr Herz ausschütten zu können. In ihre Hoffnung, einen neuen Freund in ihm gefunden zu haben, mischt sich aber auch ihre Sorge, die Anstellung bei der Oberköchin an ihn zu verlieren und „entlassen" (117, 6) zu werden. So gewinnt Karl gleich bei diesem ersten Gespräch eine Ahnung von der im Hotel herrschenden Atmosphäre, die offenbar von permanentem Leistungsdruck, starkem Konkurrenzdenken und gegenseitigem Misstrauen geprägt ist. Und spätestens wenn Therese dann noch in Tränen ausbricht, glaubt auch er, „daß hier ein bitteres Leben sei" (117, 23 – 117, 24).

Der Dienst als Liftjunge (117, 31 – 124, 2)

Wie bitter und beschwerlich es ist, erfährt Karl am nächsten Tag, als er in seinen Dienst eingeführt wird. Die Uniform, die ihm der Schneider anpasst, ist ein deutliches Zeichen dafür, dass er seine Individualität nun zugunsten des Hotelreglements aufgeben muss. Während die Jacke mit ihren goldenen Verzierungen von außen „sehr prächtig" (118, 11) erscheint, fühlt sie sich von innen „kalt, hart und dabei unaustrockbar naß von dem Schweiß [anderer] Liftjungen" (118, 14 – 118, 15) an und lässt sich nur unangenehm tragen. Sie ist so eng, dass sie Karl „immer wieder zu Athemübungen verlockte, da man sehen wollte, ob das Athmen noch immer möglich war" (118, 24 – 118, 26). Seine kommenden Aufgaben und Pflichten, so ließe sich diese Symbolik interpretieren, drohen ihm sprichwörtlich die

Neue Aufgaben und Pflichten

Luft zum Leben abzuschnüren und alle Freiheit zu rauben. Obendrein erwartet ihn auch noch „ein einförmiger Dienst" (119, 14), wie er bei der Einweisung durch den Liftjungen Giacomo erkennen muss – mit dem Triebwerk des Aufzugs etwa hat er zu seiner Enttäuschung nichts zu tun. Somit ist die ironische Pointe, dass Karl zwar zum Rädchen einer großen Maschinerie wird, diese aber nie direkt zu Gesicht bekommt. Sein Umgang mit der Mechanik beschränkt sich weitgehend auf „einen einfachen Druck auf den Knopf" (119, 7 – 119, 8) und ist daher recht monoton.

Trotz aller Widrigkeiten arbeitet sich Karl mit großem Ehrgeiz in seinen neuen Job ein. Wie damals in New York, als er den Erwartungen seines Onkels gerecht werden wollte und eigenen Interessen nur selten und mit schlechtem Gewissen nachging, ordnet er sich nun dem Dienstplan unter und verinnerlicht dessen Anweisungen. Gleich am Anfang verzichtet er auf das Angebot der Oberköchin, zunächst die nahe gelegene Stadt Ramses[1] zu besichtigen – für ihn ist „das Wichtigste mit der Arbeit anzufangen" (117, 34 – 117, 35). Danach wird, ähnlich wie im 2. Kapitel, in Zeitraffer erzählt, wie schnell sich Karl in dem neuen Werte- und Normensystem einrichtet. Schon nach wenigen Tagen ist er „dem Dienst vollständig gewachsen" (119, 25 – 119, 26): Sein Aufzug glänzt wie kein zweiter, die Hotelgäste beeindruckt er durch ein gewandtes, stets höfliches Auftreten, er erledigt „besondere kleine Aufträge" (121, 7 – 121, 8) für sie „und das Trinkgeld fieng er im Fluge ab" (120, 13 – 120, 14). Selbst sein Verstoß gegen die „Aufzugsordnung" (120, 33),

Karls Ehrgeiz

---

[1] Der für eine amerikanische Stadt ungewöhnliche Name lässt an die ägyptischen Pharaonen der 19. und 20. Dynastie denken, die Ramses hießen, was „Re hat ihn geboren" bedeutet. Re ist in der ägyptischen Mythologie der Licht und Leben bringende Sonnengott, der mit seiner Barke am Tag über den Himmel, in der Nacht aber durch die Unterwelt fährt, wo er das Leben der Toten erneuert. Vielleicht hat Kafka der Stadt daher aufgrund ihres pulsierenden Nachtlebens diesen Namen gegeben.

durch Ziehen an einem Seil die Geschwindigkeit des Lifts – und damit die Zufriedenheit seiner Gäste – zu steigern, weist nicht etwa auf eine zweifelhafte Dienstauffassung hin, sondern im Gegenteil auf sein großes Pflichtbewusstsein.

Aus psychoanalytischer Sicht handelt Karl, wie einst beim Onkel, erneut nach den strengen Geboten des Über-Ichs. Sein wichtigstes Ziel ist es, die an ihn gestellten Aufgaben perfekt zu erfüllen und auf der Karriereleiter schnell nach oben zu kommen. Es scheint ihm, „daß alle andern in ihrem Leben einen Vorsprung vor ihm hätten, den er durch fleißigere Arbeit und ein wenig Verzichtleistung ausgleichen müsse" (123, 29 – 123, 31). Für Ablenkungen bleibt ihm daher keine Zeit, eigene Bedürfnisse versucht er zu unterdrücken. Vor diesem Hintergrund ist es aufschlussreich, dass Karl seinen Lift mit einem charakterlich gegensätzlichen Kollegen abwechselnd teilt: Renell[1] ist „ein eitler Junge" (119, 32), den es immer wieder zu den Verlockungen in Ramses zieht. „Er hatte einen eleganten Privatanzug, in dem er an dienstfreien Abenden leicht parfümiert in die Stadt eilte" (119, 33 – 119, 35). Manchmal lässt er sich von Karl auch unter fadenscheinigen Vorwänden vertreten, um weitere Unterhaltung genießen zu können. Wie in der späteren Handlung noch deutlicher werden wird, kann man ihn als eine Art Abspaltung des Protagonisten auffassen: Während Karl ganz auf sein Über-Ich fixiert ist, repräsentiert Renell in seiner starken Lustbetonung das verleugnete Es. Der verdrängte Teil von Karls Persönlichkeit kehrt gewissermaßen mit dieser Figur ins Blickfeld zurück und fordert Beachtung.

Verdrängter Teil von Karls Persönlichkeit

---

[1] Im Roman ist der Name manchmal „Renell", manchmal „Rennel" geschrieben. In dieser Lektürehilfe wird die häufigere Schreibweise „Renell" verwendet.

Der Gegensatz zwischen den beiden psychischen Instanzen zeigt sich auch im Schlafsaal der Liftjungen, in dem Karl mittlerweile sein Bett hat. Aufgrund unterschiedlicher Arbeitsschichten, Ruhebedürfnisse und Freizeitgestaltungen ist hier „immerfort die größte Bewegung" (122, 4). Obwohl es für alle Beteiligten das Vernünftigste ware, gemäß dem Über-Ich eine vereinbarte Regelung einzuhalten, um die nötige Ruhe für die jeweils Schlafenden sicherzustellen, folgt doch fast jeder den Bedürfnissen seines Es. Ohne Rücksicht auf die anderen macht man Licht, um mit Karten und Würfeln zu spielen, raucht zu jeder Zeit seine Tabakpfeife im Bett oder steht „in tiefer Nacht" auf, wäscht sich „laut und wassersprühend" und zieht „polternd" und „stampfend" seine Stiefel an, „um vor dem Dienst noch ein wenig in der Stadt dem Vergnügen nachzugehn" (123, 5 – 123, 9). So stellt der Schlafsaal ein Spiegelbild der Gesellschaft dar, ist doch auch deren Gemeinwohl allzu häufig durch die Bequemlichkeit und den Egoismus des Einzelnen gefährdet. Und auch die häufigen Raufereien im Saal lassen sich auf allgemeine soziale Strukturen übertragen und verdienen die Aufmerksamkeit des Lesers. Denn mag die Vorstellung „eines solchen nächtlichen Boxkampfes" (113, 21 – 123, 22) unter Heranwachsenden zunächst harmlos erscheinen, so ist „das Blut, das dem Jungen aus der Nase rann und [...] das ganze Bettzeug überfloß" (123, 24 – 123, 26), doch eine eindringliche Warnung davor, wie schnell zivilisatorische Errungenschaften vergessen sind und roher Gewalt weichen.

Der Schlafsaal als Spiegelbild der Gesellschaft

Die Zeit mit Therese (124, 3 – 130, 31)

Abwechslung vom tristen Alltag findet Karl im Zusammensein mit Therese, die er manchmal besucht oder auf ihren Erledigungen in der Stadt begleitet. Es ist bezeichnend für seinen Charakter, dass er nur zu solchen geschäftlichen Anlässen, meist „Bestellungen oder Beschwerden" (124,

Abwechslung vom Arbeitsalltag

20 – 124, 21), nach Ramses geht und niemals, um sich zu
vergnügen. Gerade weil sie „alle höchst eilig ausgeführt
werden mußten" (124, 9 – 124, 10) und seine tatkräftige
Unterstützung erfordern, scheinen ihm diese Besorgun-
gen zu gefallen. Forsch und erfolgreich tritt er hierbei gegenüber fremden Menschen auf und beeindruckt dadurch
auch Therese. „Er tat es nicht aus Übermut und würdigte
jeden Widerstand, aber er fühlte sich in einer sichern Stellung, die ihm Rechte gab, das Hotel occidental war eine
Kundschaft, deren man nicht spotten durfte" (124, 31 – 124,
34). Karl hat neues Selbstbewusstsein gewonnen, weil er
sich als Repräsentant des Hotels begreift und sich mit dessen Ruf und Ansehen identifiziert. Wieder macht er die Erfahrung, dass er es in Amerika nur mit Fleiß und Disziplin
zu etwas bringen kann. Und so beschäftigt er sich in seiner
Freizeit auch mit einem „Lehrbuch der kaufmännischen
Korrespondenz" (129, 27 – 129, 28) und bespricht seine
Aufgabenlösungen mit Therese bei ihren sporadischen
Treffen.

Manchmal ergeben sich aber auch persönliche Gespräche,
in denen Karl von Thereses Schicksal erfährt. Ihr Vater, der
sie und ihre Mutter aus Europa in die USA nachkommen
ließ, als sie noch ein kleines Kind war, hat sich kurz nach
ihrer Ankunft nach Kanada abgesetzt und jeden Kontakt
abgebrochen. Noch tragischer und traumatischer war jedoch der bald darauf folgende Verlust ihrer Mutter. In einem besonders bedrückenden Moment erinnert sich Therese, wie sie als etwa fünfjähriges Mädchen mit ihr in einer
Winternacht auf der Suche nach einer Unterkunft durch
New York irrte. „Die Mutter war damals schon zwei Tage ohne Arbeit gewesen, nicht das kleinste Geldstück war mehr
vorhanden, der Tag war ohne einen Bissen im Freien verbracht worden und in ihren Bündeln schleppten sie nur unbrauchbare Fetzen mit sich herum" (126, 6 – 126, 10). Nachdem sie überall abgewiesen worden waren, gelangten sie

Thereses schweres Schicksal

am nächsten Morgen zur Baustelle, auf der sich die Mutter melden sollte. Doch vor lauter Hunger und Erschöpfung hatte sie allen Lebensmut verloren: Ohne ein Abschiedswort an ihre Tochter zu richten, kletterte sie auf das Baugerüst und stürzte sich in den Tod. Spätestens an dieser Stelle begreift der Leser, warum Therese meist traurig ist und ohne Hoffnung in die Zukunft blickt – das Unglück hat sie für ihr Leben gezeichnet.[1]

Böse Vorzeichen (130, 32 – 133, 13)

Gegen Ende des Kapitels deutet sich an, dass Karls Tage im Hotel occidental gezählt sind. Ähnlich wie im 2. Kapitel durch das Erscheinen Pollunders und Greens ist die gewonnene Sicherheit erneut durch Personen von außen bedroht: diesmal durch Delamarche, von dem Renell auf einmal berichtet, und bald auch durch Robinson, der die eigentliche Ursache von Karls Entlassung aufgrund eines Pflichtversäumnisses sein wird. Vor diesem Hintergrund kann man die plötzliche Hektik am Aufzug und die unzufriedenen Gäste (vgl. 132, 22 – 133, 4) als Vorzeichen der kommenden Entwicklung lesen.

Bedrohte Sicherheit

Doch wie später noch genauer zu zeigen sein wird, hat sich in die gesamte Episode auch ein verborgener Subtext eingeschrieben, der sich aus psychoanalytischer Perspektive entschlüsseln lässt. Wieder wird Karl nicht nur wegen eines eigentlich harmlosen Vergehens bestraft werden, sondern weil er die ödipale Ordnung verletzt. Nicht zufällig erfolgt der Handlungsumschwung durch Renell, also durch jene Figur, die wie oben gezeigt als eine Abspaltung des Protagonisten interpretiert werden kann. Aufschlussreich dabei ist, dass dieser Liftjunge ein Verhältnis mit einer „vorneh-

---

[1] Eine ausführliche Interpretation von Thereses Kindheitserinnerung findet sich als Beispiel einer aspektgeleiteten Textanalyse auf S. 177 – 183.

men Dame" (131, 9) im Hotel haben soll, eine sexuelle Komponente somit zutage tritt. Und auch der „Apfel" (132, 3), den Therese Karl schenkt, weckt solche Assoziationen, ist er doch ein Symbol für verbotene Lüste.[1] Karls verlorene Unschuld und seine Vertreibung aus dem Paradies, von denen das nächste Kapitel erzählt, sind in dieser Textpassage demnach bereits angedeutet.[2]

Baldige Vertreibung aus dem Paradies

Kapitel VI: Der Fall Robinson

Schwierigkeiten durch Robinson (134, 1 – 141, 15)

Der „Konflikt", der im 6. Kapitel für das Ende der dreiphasigen „Hotel-Episode" sorgen wird, beginnt mit dem plötzlichen Erscheinen Robinsons vor dem Aufzug. Wie schon in früheren Szenen bedeutet diese Figur für den weiteren Handlungsverlauf nichts Gutes. Offenbar in Delamarches Auftrag lädt Robinson Karl zu Brunelda, „einer herrlichen Sängerin" (135, 15), ein, bei der die beiden Herumtreiber mittlerweile wohnen. Erst später wird sich herausstellen, dass sie den Jungen zu ihrem Diener machen und daher aus dem Hotel locken wollen. Obwohl Karl die Einladung ablehnt und betont, keinen Kontakt mehr zu seinen einstigen Kameraden zu wünschen, wird er den Besucher nicht los. Robinson jammert mit „widerliche[n] Tränen" (135, 12) über sein Schicksal, will bald darauf „ein Lied in hohen Tönen singen" (135, 16) und bettelt „mit aufgerissenen Augen" (135, 28) um Geld. Außerdem betrinkt er sich während Karls Fahrten und kurzer Erledigungen so sehr, dass er sich schließlich vor „Übelkeit" (136, 9) in den Lichtschacht des

Beginn des Verhängnisses

---

[1] Vgl. den Sündenfall Adams und Evas im Buch Genesis des Alten Testaments.

[2] Auch in seiner Erzählung „Die Verwandlung" hat Kafka die biblische Symbolik verwendet. Hier führt ein vom Vater in den Rücken geworfener Apfel zum Tod des Protagonisten Gregor Samsa, eines zum Ungeziefer verwandelten jungen Mannes, und besiegelt damit dessen Vertreibung aus dem Paradies, in diesem Fall seiner Familie.

Aufzugs erbricht und sich nicht mehr auf den Beinen halten kann. Notgedrungen führt ihn Karl in den Schlafsaal, damit er hier unbemerkt ausnüchtern kann. Dabei ist es sicherlich kein Zufall, dass er den Betrunkenen ausgerechnet in das Bett Renells legt, repräsentiert dieser Liftjunge – ebenso wie Robinson selbst – doch die Instanz des Es.

Überhaupt bietet es sich an, die Episode aus psychoanalytischer Sicht zu lesen. Im Gegensatz zu Robinson, der nur auf Lust- und Bedürfnisbefriedigung aus ist, werden Karls Handlungen und Gefühle von seinem Über-Ich bestimmt. Für ihn bedeutet der ungebetene Gast vor allem eine Störung des Dienstplans, und er fürchtet, seinen Pflichten deshalb nicht mehr korrekt nachkommen zu können. „Er bediente zwar seine Gäste und fuhr mit ihnen auf und ab, aber seine Zerstreutheit konnte er doch nicht ganz verbergen und bei jeder Abwärtsfahrt war er darauf gefaßt, unten eine peinliche Überraschung vorzufinden." (137, 17 – 137, 21) Das Über-Ich, so ließe sich pointiert formulieren, ist alarmiert durch das Auftauchen des Es. Wie sehr Karl die Situation beunruhigt, wird insbesondere in einer sich über eine ganze Buchseite erstreckenden Passage deutlich, in der in erlebter Rede die Gefahren aufgeführt sind, die Robinsons Anwesenheit für ihn bedeutet (vgl. 136, 14 – 136, 11). Während er sich zunächst ausmalt, dass der Betrunkene von einem „dieser nervösen reichen Gäste" (136, 16) oder einem „dieser immerfort wechselnden Hoteldetektivs" (136, 19 – 136, 20) entdeckt werden könnte, dann an „die Scheußlichkeit im Lichtschacht" (136, 25) denkt, die ihn ebenfalls verraten könnte, steigert sich Karl immer weiter in seine Ängste hinein: „Sah es nicht ganz so aus, als ob ein solcher Liftjunge selbst ein Säufer oder gar etwas Ärgeres sei, denn welche Vermutung war einleuchtender, als daß er seine Freunde aus den Vorräten des Hotels so lange überfütterte, bis sie an einer beliebigen Stelle dieses gleichen peinlich rein gehaltenen Hotels solche Dinge ausführ-

Vom Über-Ich bestimmt

ten, wie jetzt Robinson?" (136, 37 – 137, 5) Geradezu paranoid stellt sich Karl vor, wie man ihn schließlich als Dieb verdächtigen würde. Beherrscht von einem strengen Über-Ich, das längst die Werte und Normen des Hotels verinnerlicht hat, spricht er sich – zumindest unbewusst – schuldig. Die Folgen sind abzusehen. Ähnlich wie in früheren Situationen, in denen Karl glaubte, die Ordnung verletzt zu haben, scheint sich auch jetzt die Welt gegen ihn zu verschwören. Die äußeren Umstände passen sich seinem schlechten Gewissen an. Der Oberkellner Isbary, der für die Liftjungen zuständig ist, bemerkt, dass Karl seinen Aufzug verlassen hat, „bekommt Galle" (140, 12) und bestellt ihn wütend in sein Büro. Obwohl es allgemein üblich ist, dass sich die Jungs in dringenden Fällen gegenseitig vertreten, ahnt Karl nichts Gutes. Dabei denkt er nicht nur an das „Dienstversäumnis" (141, 7), das man ihm vielleicht noch verzeihen könnte, sondern vor allem an den im Schlafsaal versteckten „Robinson als seine lebendige Schuld" (141, 8). Insgeheim scheint er bereits zu wissen, dass seine Aussichten hoffnungslos sind.

Entdeckung von Karls Dienstversäumnis

Das Verhör (141, 16 – 161, 30)

Feindliche Atmosphäre

Im Büro erwartet ihn eine feindliche Atmosphäre. Außer dem Oberkellner, den die Liftjungen wegen seines strengen und hitzigen Charakters fürchten, ist auch der Oberportier anwesend: ein bedrohlich wirkender Mann namens Feodor, „den seine üppige reichgeschmückte Uniform […] noch breitschultriger machte, als er von Natur aus war" (141, 20 – 141, 23). Beide lassen Karl spüren, wie machtlos er ist. Der Oberkellner trinkt, isst und liest zunächst weiter, ohne den Eingetretenen überhaupt zu beachten, springt dann auf und schreit Karl an, um ihn schließlich vor die Dienstordnung an der Wand zu zerren und ihm die Paragrafen zu zeigen. Noch ärger treibt es der Oberportier. Nachdem er Karl gleich zu Beginn „mit seinen bösen

Blicken" (142, 19) angeschaut hat, beschimpft er ihn kurz darauf als „Lümmel" (145, 7) und „Lump" (149, 33) und wird sogar gewalttätig: Er schüttelt den Jungen grob hin und her, drückt seinen Arm mit aller Kraft, was „ein Dunkel vor Karls Augen verursachte" (150, 32), und gibt ihm zuletzt „einen Stoß [...] in den Rücken" (155, 1). Aus reiner Bosheit scheint er ihm schaden zu wollen und redet deshalb auch schlecht über ihn. Gegenüber dem Oberkellner behauptet er, Karl grüße ihn beim Vorbeigehen „grundsätzlich nicht" (145, 1 – 145, 2) und verbringe seine Nächte bei „Lustbarkeiten" (149, 1) in der Stadt, wobei er ihn offenbar mit einem anderen Liftjungen verwechselt, vermutlich mit Renell. Auf jeden Fall aber machen seine Anschuldigungen alles noch schlimmer. „Karl sah ein, daß er eigentlich seinen Posten schon verloren hatte" (146, 6 – 146, 7).

Daran können auch Therese und die Oberköchin, die, wie sich herausstellen soll, eine Liebesbeziehung mit dem Oberkellner hat und wohl deshalb herbeigerufen wird, nichts ändern. Im Gegenteil, die Situation wird immer aussichtsloser. Mittlerweile wurde Robinson im Schlafsaal entdeckt und hat in seinem betrunkenen Zustand zu allem Überfluss behauptet, mit Karl bald „einen Nachtbesuch bei irgendeiner Sängerin" (154, 8 – 154, 9) zu unternehmen. Je verzweifelter Karl versucht, die Angelegenheit zu erklären, desto unglaubwürdiger wird er in den Augen der anderen. Er verstrickt sich in scheinbare Widersprüche, muss auf Nachfrage einzelne Details, die er zunächst verschwiegen hat (etwa das Robinson versprochene Geld), zugeben und verschlechtert seine Lage damit noch mehr. Jeder Versuch einer Verteidigung wird gegen ihn ausgelegt. Während der Oberkellner sein Urteil offenbar schon gefällt hat, ist der Oberportier in Hohn und Spott übergegangen: „Es ist ja ganz recht", meint er in sarkastischem Einverständnis, „seinem Saufbruder muss man helfen" (155, 21 – 155, 22). Noch verletzender ist es für Karl jedoch, dass auch Therese und

Weitere Verwicklungen

die Oberköchin, die bei all den Vorwürfen „sichtlich bleich geworden[]" (154, 12 – 154, 13) ist, an seiner Unschuld zweifeln. Beide bleiben ihm gegenüber zwar freundlich, schenken seinen Ausführungen aber bald keinen Glauben mehr. „Wie konntest du mir, Karl, alle diese Dinge verbergen?" (159, 8 – 159, 9), wirft ihm die Oberköchin vor und spricht dann von seinem „Nachtschwärmen" (159, 11) und den „Vergnügungen" (159, 19), als wären dies unstreitige Tatsachen. Doch schon zuvor hat Karl resigniert und angesichts seiner vergeblichen Bemühungen erkannt: „Es ist unmöglich, sich zu verteidigen, wenn nicht guter Wille da ist" (156, 31 – 156, 32).

Den tieferen Grund, warum Karls Anklägern dieser gute Wille fehlt, offenbart eine psychoanalytische Deutung. Ähnlich wie in der Episode in New York legt diese Perspektive eine unter der Textoberfläche verborgene Figurenkonstellation frei. Auf die geheime Verwandtschaft zwischen Karl und Renell, den man als eine Art abgespaltene Es-Instanz interpretieren könnte, wurde bereits hingewiesen. Dass Karl offenbar mit diesem Liftjungen, der gerüchteweise eine Affäre mit einer vornehmen Dame hat und den nächtlichen Vergnügungen in der Stadt nachgeht, verwechselt wird, unterstreicht diese Lesart. Darüber hinaus lässt sich aber auch eine ödipale Ordnung aufdecken, die Karl im Hotel erneut verletzt hat. Die Rolle, die in der Heimat Johanna Brummer und im Landhaus Klara Pollunder eingenommen hat, besetzt nun Therese, die in ihrer engen Beziehung zur Oberköchin als deren Parallelfigur aufgefasst werden kann. Dadurch, dass sich Karl dem Mädchen annähert, ist sein Begehren aus psychoanalytischer Sicht somit auch auf die Oberköchin gerichtet. Und weil diese wiederum ein Verhältnis mit dem Oberkellner hat, ist es kein Zufall, dass dieser die Rolle des strengen Vaters ausübt und Karl für den Verstoß gegen die elterlichen Gebote bestraft.

Wieder im ödipalen Dreieck

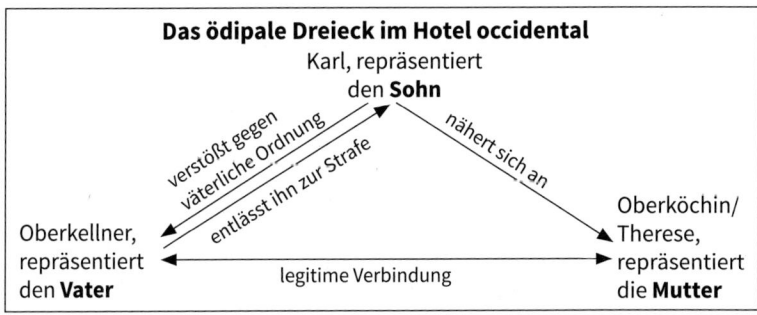

Das ödipale Dreieck im Hotel occidental
Karl, repräsentiert
den **Sohn**

verstößt gegen väterliche Ordnung
entlässt ihn zur Strafe
nähert sich an

Oberkellner,
repräsentiert
den **Vater**

legitime Verbindung

Oberköchin/
Therese,
repräsentiert
die **Mutter**

Die Oberköchin zeigt sich zwar auch noch am Ende mütterlich fürsorglich, verspricht Karl eine Anstellung in einer anderen Pension und versichert ihm: „Verlassen werde ich Dich nicht, das sollst Du jedenfalls schon heute wissen." (160, 11 – 160, 12) Doch spätestens beim bald darauf folgenden Urteil des Oberkellners – „Du bist auf der Stelle entlassen" (161, 13) – ist ein erneuter Wendepunkt erreicht. Wieder verliert Karl eine gefundene Heimat und muss sich von lieb gewonnenen Menschen verabschieden.

Verstoßung

In der Gewalt des Oberportiers (161, 31 – 169, 37)

Bevor Karl das Hotel aber endgültig verlassen kann, wird er beim Ausgang vom Oberportier aufgegriffen und mit Gewalt in die Portiersloge geführt. Während er dort die Angestellten beobachtet, gewinnt er – wie einst schon in den Telegrafen- und Telefonsälen des Onkels – einen Eindruck von den veränderten Gesprächsstrukturen und der wachsenden Informationsflut der modernen Gesellschaft. Die geschilderte Szene erinnert an eine frühe Slapstickkomödie, etwa einen Stummfilm von Charlie Chaplin[1], weil hier keine technischen Apparate, sondern leibhaftige Menschen für die Wissensvermittlung zuständig sind. Zwei an Schiebefenstern sitzende Unterportiere sind unablässig damit be-

Veränderte Gesprächsstrukturen und wachsende Informationsflut

---

[1] Charlie Chaplin (1889 – 1977): brit. Schauspieler, Regisseur und Komiker

schäftigt, Hotelgästen Auskunft zu geben, wobei sie von Laufjungen unterstützt werden, die ihnen das gerade benötigte Informationsmaterial herbeibringen. Da meist mehrere Frager auf einmal reden, herrscht „ein Durcheinander von Sprachen" (163, 14 – 163, 15). Eine wirkliche Unterhaltung ist unmöglich: „Gewöhnen mußte man sich auch daran, daß der Unterportier niemals bat, eine Frage zu wiederholen, selbst wenn sie im Ganzen verständlich und nur ein wenig undeutlich gestellt war, ein kaum merkliches Kopfschütteln verriet dann, daß er nicht die Absicht habe, diese Frage zu beantworten und es war Sache des Fragestellers, seinen eigenen Fehler zu erkennen und die Frage besser zu formulieren." (164, 2 – 164, 9) Alle haben sich den neuen Kommunikationsregeln zu beugen, übliche Umgangsformen sind vergessen. Die Arbeit ist daher so anstrengend, dass die Unterportiere regelmäßig ersetzt werden müssen. „Die abgelösten zwei Männer streckten sich und begossen dann über zwei bereitstehende Waschbecken ihre heißen Köpfe" (165, 3 – 165, 5). Kafka erweist sich mit diesen Beschreibungen erneut als Visionär. So humorvoll wie treffend nimmt er die Folgen des Informationszeitalters vorweg, in dem die Köpfe der Menschen angesichts der schier unendlichen Datenmenge sprichwörtlich heiß laufen.[1]

Lange kann Karl die geleistete Arbeit jedoch nicht bewundern: Der Oberportier drängt ihn bald in die andere Ecke des Raumes, verdunkelt einen Teil der Scheiben durch Vor-

---

[1] Ähnlich komisch wirkt kurz darauf die Telefonszene in der Portiersloge. Auch hier stehen den Unterportieren an den Apparaten Helfer zur Seite, die ihre Aufgabe geradezu slapstickartig ausführen: „[D]iese drei Jungen taten nichts anderes als abwechselnd den Kopf horchend zu ihrem Herrn [zu] strecken und dann eilig als würden sie gestochen in riesigen gelben Büchern – die umschlagenden Blättermassen überrauschten bei weitem jedes Geräusch der Telephone – die Telephonnummern herauszusuchen." (166, 35 – 167, 2) Durchaus möglich, dass Kafka von einem frühen Stummfilm zu dieser Szene angeregt wurde.

hänge und lässt seinen Aggressionen freien Lauf. Hat er sich gegenüber dem Jungen schon im Büro des Oberkellners feindselig verhalten, kennt seine Skrupellosigkeit nun, da er sich vor der Einmischung anderer sicher glaubt, keine Grenzen mehr. Ähnlich wie einst Green im Landhaus bei New York hat nun auch er jede Achtung vor Karl verloren; er umklammert, schüttelt und beschimpft ihn aufs Gröbste. Seine Niedertracht zeigt sich auch darin, dass er sein kriminelles Tun als gewissenhafte Aufgabenerfüllung darzustellen versucht: „Es ist meine Pflicht [...] [,] das was der Oberkellner aus welchen Gründen immer versäumt hat, im Namen der Hoteldirektion wenigstens ein wenig nachzuholen." (167, 5 – 167, 9) Natürlich glaubt er selbst nicht daran, sondern ergötzt sich an dieser Verdrehung der Wahrheit. Daraufhin demütigt er Karl, indem er seine Jacke durchsucht und die gefundenen Dinge achtlos unter die Bank wirft.[1] Spätestens wenn er mit „Gier [...] in Karls zweiter Tasche herumgrub" (169, 30 – 169, 31), ist sein – womöglich auch sexuell motivierter – Sadismus nicht mehr zu übersehen. Er selbst spricht sarkastisch von einem „Rendezvous" (167, 30), betont, Karl „genießen" (167, 29) zu wollen, und scheint angesichts dessen Scham Lust zu empfinden. Nur weil Karl schließlich fliehen kann, indem er schnell aus seiner Jacke schlüpft, bleibt es der Fantasie des Lesers überlassen, wie weit der Oberportier in seinem unrechten Handeln wohl noch gegangen wäre.

Sadismus des Oberportiers

---

[1] Durch den Verlust dieser Dinge – darunter „ein Blatt mit einer Aufgabe aus kaufmännischer Korrespondenz", „die Visitkarte der Oberköchin" und ein „Polierstift für die Nägel" (169, 20 – 169, 22) – deutet sich Karls weiterer sozialer Abstieg an. Und tatsächlich wird er bald in einem Milieu landen, in dem er weder auf eine kaufmännische Ausbildung noch auf die Hilfe der Oberköchin hoffen kann und in dem auch ein gepflegtes Äußeres keine große Rolle mehr spielt.

Wiederauftauchen Robinsons (169, 37 – 172, 17)

Nachdem er das Hotel endgültig verlassen hat, begegnet er erneut Robinson, der von zwei Liftjungen auf einer Bahre zu einem Auto getragen wird. Im Schlafsaal blutig geschlagen und notdürftig mit Verbänden umwickelt, zergeht der ehemalige Kamerad in Selbstmitleid, wobei er wie üblich maßlos übertreibt: „Ich bin ja höchstwahrscheinlich für mein ganzes Leben zum Krüppel geschlagen" (171, 12 – 171, 13), jammert er und fordert Karl auf, ihn künftig zu pflegen, wobei er auf eine angebliche Mitschuld des Jungen an seinem Unglück verweist. Obwohl Karl diese Klagen nicht ernst nimmt, steigt er zu Robinson ins Fahrzeug, um in Sicherheit zu gelangen. Der Abschied von den Liftjungen, die ihm durchs Fenster die Hand schütteln, ist gleichzeitig auch sein Abschied vom Hotel occidental.

Abschied vom Hotel

Rückblick: Wiederholung des Handlungsmusters

Blickt man auf die vergangenen drei Kapitel zurück, so wird deutlich, dass Karl erneut die Phasen „Übergang" (4. Kapitel), „Ruhe" (5. Kapitel) und „Konflikt" (6. Kapitel) durchlaufen hat und vom Zustand „geborgen" wieder in den Zustand „verstoßen" gelangt ist. Wurde in der ersten Drei-Phasen-Sequenz von den Ereignissen rund um seinen Aufenthalt beim Onkel in New York erzählt („Onkel-Episode"), handelte die zweite Drei-Phasen-Sequenz von seinen Erlebnissen im Hotel occidental („Hotel-Episode"). Während sich der Inhalt dieser beiden Sequenzen änderte, blieb ihre formale Struktur die gleiche.

Erneute Drei-Phasen-Struktur

Die „Hotel-Episode"

	4. Kapitel	5. Kapitel	6. Kapitel
Titel:	*Der Marsch nach Ramses*	*Im Hotel occidental*	*Der Fall Robinson*
Phase:	Übergang	Ruhe	Konflikt
Karls Zustand:	verstoßen/ geborgen	geborgen	geborgen/ verstoßen
Wendepunkt:	Karl wird von der Oberköchin aufgenommen.	–	Karl wird nach Pflichtverletzung entlassen.

Es mußte wohl eine entlegene …

Vorbemerkung

Nachdem Kafka die ersten sechs Kapitel in wenigen Wochen geschrieben hat, stockte die Arbeit am Roman. Die nachfolgenden fünf Kapitel hat er nicht mehr nummeriert und betitelt, drei von ihnen sind Fragment geblieben.[1] Auch wenn es daher letztlich Spekulation bleiben muss, spricht doch vieles dafür, dass das strenge Handlungsmuster, das den ersten sechs Kapiteln zugrunde liegt, auch im weiteren Verlauf fortgeführt werden sollte. Betrachtet man die auf die „Hotel-Episode" folgenden drei Kapitel, so hat Kafka offenbar als dritte Sequenz eine „Brunelda-Episode" geplant, die von Karls Erlebnissen im Umkreis der Sängerin erzählt. Wie im Folgenden unter anderem gezeigt werden soll, sind in dieser Episode die Phasen „Übergang" und „Ruhe" mit den damit verbundenen Zuständen „verstoßen" und „geborgen" bereits angelegt.

Geplante dritte Drei-Phasen-Sequenz: „Brunelda-Episode"

---

[1] Vgl. das Unterkapitel „Entstehungs- und Editionsgeschichte des Romans ‚Der Verschollene'", S. 106 – 111.

In Bedrängnis (173, 1 – 184, 16)

Wie „verstoßen" und hilflos Karl erneut ist, zeigt sich gleich zu Beginn des Kapitels. Nachdem er Robinson zu dessen Unterkunft, Bruneldas Wohnung in „eine[r] entlegene[n] Vorstadtstraße" (173, 1), begleitet hat, den Chauffeur aber nicht bezahlen kann, erregt er die Aufmerksamkeit eines Polizisten. Die Lage spitzt sich zu, als er sich nicht ausweisen kann (seine Papiere waren in der Jacke), seine Entlassung erwähnt und nach einigem Hin und Her zum Hotel zurückgebracht werden soll, damit man seine Angaben überprüfen könne. Dass sich Robinson und Delamarche, der inzwischen aus dem Mietshaus dazugekommen ist, in dieser Situation für Karl einsetzen, deutet nicht etwa auf ihre Hilfsbereitschaft, sondern auf ihre Verschlagenheit hin. Wie später noch deutlicher werden wird, haben sie es darauf abgesehen, Karl in ihre Dienste zu nehmen, und versuchen, den Polizisten daher loszuwerden.

Als Karl erkennt, dass alle Bemühungen vergeblich sind, sucht er sein Heil in der Flucht. Hastig rennt er davon, der Polizist, der „geradezu betäubende Pfiffe ausstieß" (181, 12 – 181, 13), hinter ihm her. „Karls Vorteil war lediglich seine leichte Kleidung, er flog oder besser stürzte die sich immer mehr senkende Straße herab, nur machte er zerstreut infolge seiner Verschlafenheit oft zu hohe, zeitraubende und nutzlose Sprünge." (181, 13 – 181, 16) Spätestens wenn ein weiterer, ebenfalls pfeifender Polizist die Verfolgung aufnimmt, wird so mancher Leser bei der Lektüre dieser dynamischen, aber auch etwas komisch anmutenden Szene an frühe (amerikanische) Stummfilme denken. Eine Assoziation, die durchaus naheliegt, war Kafka doch ein begeisterter Kinogänger. Gut vorstellbar, dass er beim Besuch eines damaligen Lichtspielhauses zu dieser Textpassage inspiriert wurde.

Erst durch Delamarche, der unbemerkt durch Hinterhöfe und Gänge nachgerannt ist und Karl schließlich in einen

Heikle Lage (Randnotiz)

Verfolgungsszene wie im Stummfilm (Randnotiz)

Hausflur zieht, findet die Verfolgungsjagd ihr Ende, die Polizisten laufen ahnungslos weiter. Karl jedoch ist damit noch längst nicht gerettet. Schon in dem Moment, in dem er sich nach Atem ringend an Delamarche festhält – er „lag fast in seinem Arm und drückte halb besinnungslos das Gesicht an seine Brust" (182, 14 – 182, 16) –, deutet sich ein neuer Abschnitt an, in dem der Franzose die Rolle des Vaters einnehmen wird. Dass Karls Aussichten durch diese Entwicklung nicht besser geworden sind, lässt seine künftige Wohnstätte erahnen, zu der Delamarche ihn zurückführt: Bruneldas Wohnung im obersten Stockwerk einer „riesigen Mietskaserne" (175, 14) in einem „Arbeiterviertel" (181, 3) der Vorstadt. Nach der luxuriösen Zeit beim Onkel in New York und dem anstrengenden, aber gesicherten Leben im Hotel occidental hat sein sozialer Abstieg einen neuen Tiefpunkt erreicht.

Arbeitermilieu

Die erste Begegnung mit Brunelda (184, 17 – 189, 10)

Wie erbärmlich die neuen Verhältnisse sind, zeigt sich schon, als Delamarche und Robinson vor dem Öffnen der Tür ängstlich durchs Schlüsselloch blicken, um sicherzugehen, dass Brunelda nicht schläft. Ihre Vorsicht ist allerdings auch berechtigt, erweist sich die ältere, „übermäßig dicke[]" (188, 28) Sängerin doch als egozentrisch, launisch und herrschsüchtig. Sie liegt über die Hitze klagend auf dem Kanapee, fordert von Delamarche einen Handkuss und herrscht ihn an, Karl fortzuschicken, nur um es sich gleich wieder anders zu überlegen. Auch die Wohnung, ein dunkles, mit Möbeln und anderem Gerümpel vollgestopftes Zimmer, wirkt wenig einladend. „Die Luft war dumpf und man roch geradezu den Staub, der sich hier in Winkeln, die offenbar für jede Hand unzugänglich waren angesammelt hatte." (186, 1 – 186, 5) Nur aus Müdigkeit entscheidet sich Karl, vorerst zu bleiben, und legt sich auf einen Haufen von am Boden liegenden Vorhängen zum Schlaf. Doch

Erbärmliche Verhältnisse

schon kurze Zeit später wird er mit Robinson auf den Balkon geschickt, weil Brunelda ein Bad nehmen will.

Die Unterhaltung mit Robinson (189, 11 – 204, 29)

Nachdem Karl erst gegen Abend wieder aufgewacht ist, entwickelt sich eine lange Unterhaltung mit Robinson, der sich offen und redselig zeigt. Wie schon bei der Begegnung am Hotellift jammert er über sein Schicksal. Er beklagt sich, dass er von Brunelda und Delamarche „immerfort als Hund behandelt wird" (190, 9), erzählt, auf dem Balkon, wo er schon so viele Stunden verbringen musste, einmal vor Traurigkeit geweint zu haben, und bemitleidet sich wegen seiner angeschlagenen Gesundheit. Offenbar unter Einsamkeit leidend, freut er sich darüber, nun einen Kameraden und Gesprächspartner zu haben. Dementsprechend freundlich ist er zu Karl. Er bietet ihm von seinem Essen und Trinken an, spricht mit ihm auf gleicher Augenhöhe und gibt ihm Ratschläge für die Zukunft. Dabei kann er sei-

Robinsons unreifer Charakter nen unreifen Charakter, der schon in früheren Szenen deutlich geworden ist, allerdings nicht verbergen. Vor allem wenn er von Brunelda, diesem „prächtige[n] Weib" (190, 13), schwärmt und bei der Erinnerung, sie „einmal nackt gesehn" (190, 14 – 190, 15) zu haben, vor Freude ganz aufgeregt ist, erinnert er an einen kleinen Jungen. Rührend naiv, aber auch bemitleidenswert erscheint er bei seinem Geständnis, einst „öfters den Vorhang so ein wenig weggezogen und durchgeschaut" (190, 34 – 190, 35) zu haben, um einen Blick auf die Frau im Zimmer zu erhaschen – bis er deswegen zur Strafe mit einer Peitsche geschlagen wurde.

Blick in die Vergangenheit Im weiteren Gespräch berichtet Robinson, wie Brunelda in sein und Delamarches Leben gekommen ist. Nach der Trennung von Karl haben sich die beiden Herumtreiber mit Taschendiebstahl und Bettelei über Wasser gehalten und sind dabei zur früheren, luxuriösen Wohnung der Sängerin gelangt, die damals als „reiche und sehr feine Dame"

(194, 10 – 194, 11) mit Dienerschaft gelebt hat. Ihr „großes Vermögen" (194, 29) stammte von ihrem geschiedenen Mann, einem „Cacaofabrikant[en]" (194, 30), der sie noch immer liebte und – jedoch ohne Erfolg – mit Geschenken umwarb. Nachdem die Sängerin mit Delamarche ein Liebesverhältnis eingegangen war, entließ sie ihr Personal, verkaufte einen Großteil ihres Besitzes und zog mit ihm und Robinson, der nun die Rolle des Dieners einnehmen sollte, in die winzige Vorstadtwohnung.

Erst allmählich erfährt Karl den eigentlichen Grund seines Hierseins. Wie bereits frühere Andeutungen vermuten ließen, haben Delamarche und Robinson in den vergangenen Tagen ein konkretes Ziel verfolgt. Es sei „ein alter Plan" (200, 16) gewesen, Karl aus dem Hotel in die Wohnung zu bringen, damit er dem überlasteten Robinson zur Hand gehen könne. Karl aber, der den angebotenen Dienst für „Sklaverei" (199, 36) hält und Robinson für sein „elendes Leben" (200, 2) bedauert, lehnt sogleich ab – „selbst die stellungslose Not hätte er diesem Posten vorgezogen" (201, 31). Womöglich hat sein Widerwille, längere Zeit bei Brunelda zu bleiben, auch noch tiefere Gründe, zeichnet sich aus psychoanalytischer Sicht doch erneut eine unheilbringende Konstellation ab. Wieder droht er in ein ödipales Dreieck zu geraten, wobei diesmal die Mutter-Position Brunelda, die Vater-Position ihr Geliebter Delamarche und die Position der Söhne Karl und Robinson einnehmen würden.

Erneute ödipale Beziehungsstruktur

Angesichts seiner Erfahrungen ist es kein Wunder, dass Karl auf die „Annehmlichkeiten", die Robinson ihm in Aussicht stellt – „Du bist immerfort in der Nähe einer Dame wie Brunelda ist, Du schläfst manchmal mit ihr im gleichen Zimmer" (203, 2 – 203, 5) –, gerne verzichtet. Unverzüglich will er die Wohnung verlassen, wird von Robinson aber mit Gewalt zurückgehalten. Es entsteht ein Handgemenge zwischen den beiden, fast so, als wären sie tatsächlich rivalisierende Brüder.

Der Wahlkampf (204, 30 – 213, 5)

Wieder in der
Rolle des
kleinen Jungen

Und wirklich drängt Brunelda Karl bald in die Rolle des kleinen Jungen. Neugierig geworden durch einen auf der Straße beginnenden Tumult, tritt sie mit Delamarche auf den Balkon und nimmt Karl sogleich in Beschlag. Zunächst nennt sie ihn „Kleiner" (205, 19) und zieht ihn an sich, macht sich dann mit ihren „kleinen fetten Händchen" (206, 37) an seinem Hemd zu schaffen und nötigt ihn schließlich, durch ihr Opernglas zu schauen, damit er die Vorgänge unten besser verfolgen könne. Obwohl Karl betont, genug zu erkennen, hält sie ihm den auf ihre Sehstärke eingestellten „Gucker" (208, 18) mit Gewalt vor die Augen und zwingt ihm damit gleichsam ihren Blick auf die Welt auf. Wie schon in früheren Episoden – etwa beim Onkel in New York oder bei der Oberköchin im Hotel – wird Karl erneut mit einer egozentrischen Bezugsperson konfrontiert, deren Willen er sich ganz unterordnen soll.

Darüber macht er sich im Moment aber keine Gedanken, hat er seine ganze Aufmerksamkeit doch auf das Spektakel in der Gasse gerichtet. Er erfährt, dass ein Wahlkampf stattfindet, bei dem sich ein Bewerber für ein Richteramt vorstellt. Angekündigt durch „Trommler und Trompeter" (205, 3 – 205, 4) und umringt von „Holztafeln", wird der Kandidat „[a]uf den Schultern eines riesenhaften Mannes" durch die schreiende Menge getragen, während er „seinen Zylinderhut ständig grüßend hoch erhoben hielt" (250, 29 – 250, 33). Als er kurz darauf eine Rede hält, kehrt Leben auf den umliegenden Balkonen ein: Die Anhänger des Kandidaten beginnen, zu klatschen und seinen Namen zu singen, woraufhin seine Gegner pfeifen und Gegengesänge anstimmen. „Zwischen den einzelnen Balkonen wurden politische Streitigkeiten mit einer durch die nächtliche Stunde verstärkten Erregung ausgetragen. Die meisten waren schon in Nachtkleidern und hatten nur Überröcke umgeworfen, die Frauen hüllten sich in große dunkle Tücher, die unbe-

Wohnhaus in einer
amerikanischen Großstadt

achteten Kinder kletterten beängs-
tigend auf den Einfassungen der
Balkone umher" (207, 29 – 207, 35).
Bald schon werfen manche Strei-
tenden Gegenstände in Richtung
feindlicher Parteien, die ihr Ziel
aber oft nicht erreichen, sondern in
die Ansammlung auf der Straße fallen, „ein Wutgeheul" (208, 2 – 208, 3)
verursachen und die aufgeladene
Atmosphäre weiter anheizen. Wieder zeigt sich Kafka als Meister in
der Beschreibung lebendiger Mas-
senszenen, die unter seiner Feder
trotz aller realistisch anmutenden
Details immer auch etwas bizarr erscheinen – und gerade
deshalb eine besondere Faszination auf den Leser aus-
üben.

Faszinierendes
Schauspiel

Diese Wirkung wird auch durch die Stellung und das Wissen des Erzählers erzielt. Wie bereits erwähnt, schildert er
(abgesehen vom ersten Abschnitt des Romans) die gesamte Handlung aus der Perspektive seines Protagonisten,
weist also ein personales Erzählverhalten auf. Im Gegensatz zu einem „allwissenden" Erzähler, wie man ihn beispielsweise in Romanen des 19. Jahrhunderts häufig antrifft, verfügt er daher nur über ein eingeschränktes Wissen.
Auch in der Balkonszene sieht und weiß er nur so viel – oder
besser: so wenig – wie Karl Roßmann, der angesichts der
Demonstration „in atemlose[] Verwirrung" (212,
16 – 212, 17) gerät. Der Erzähler steht den Ereignissen auf
der Straße genauso unsicher gegenüber, was insbesondere

Das einge-
schränkte
Wissen des
Erzählers

gegen Ende der Textpassage deutlich wird: So „war es bald nicht mehr ganz klar", was der Kandidat in der immer größer und lauter werdenden Menschenmenge überhaupt tut – „ob er sein Programm auseinanderlegte oder um Hilfe rief" –, und „wenn nicht alles täuschte" (212, 9 – 212, 11), ist auch ein Gegenkandidat aufgetaucht. Als schließlich die Autolaternen zerstört werden, die die Szenerie ausgeleuchtet haben, heißt es symptomatisch für die eingeschränkte Erzählersicht: „Auch nicht beiläufig hätte man jetzt angeben können, wo sich der Kandidat befand" (213, 1 – 213, 3). Nur wenn der Erzähler allwissend wäre, könnte er den Leser genauer über die Vorgänge unterrichten. Allerdings würde die Episode dadurch einen Großteil an Spannung und Reiz verlieren.

Der Fluchtversuch (213, 6 – 215, 25)

Bei Bruneldas Aufforderung, ins Zimmer zu gehen und alles für die Nacht vorzubereiten, sieht Karl seine Chance zur Flucht. Er eilt zur Tür, die jedoch verschlossen ist, sucht dann in der allgemeinen Unordnung vergeblich nach dem Schlüssel und greift schließlich zu zwei Messern, mit denen er die Tür aufstemmen will. Doch bald wird er von Delamarche gestoppt, der sich „in einem weit über die augenblickliche Gelegenheit hinausgehenden Wutanfall" (214, 17 – 214, 18) auf ihn stürzt. Obwohl Karl den ersten Angriff noch geschickt abwehren kann und Delamarche fast ins Straucheln bringt, besteht nun kein Grund mehr zur Hoffnung. Wie aussichtslos seine Lage ist, zeigt sich spätestens dann, wenn Robinson sich in den Kampf einmischt und ihn zu Boden zwingt, während Brunelda das Geschehen „mit leuchtenden Augen" (215, 11) verfolgt. Und als Delamarche ihn schließlich zur „Bestrafung" (215, 15) gegen einen Schrank wirft und auch sein Ausruf „Warte nur" (215, 24 – 215, 25) nichts Gutes verheißt, muss Karl gar um sein Leben fürchten. Wurde er während seines Aufenthaltes in

Aussichtslose Lage

Amerika schon mehrfach mit Gewalt konfrontiert, erfährt er sie nun in vollem Ausmaß am eigenen Leib.

Das Gespräch mit Josef Mendel (215, 26 – 225, 10)

Als Karl wieder zur Besinnung kommt, schlafen seine Peiniger längst. In Sorge, ernsthaft verletzt zu sein, geht er auf den Balkon, um seine Wunden zu betrachten – „vielleicht hatte man ihn zum Krüppel geschlagen" (216, 4). Nachdem er die nächtliche Stille eine Weile auf sich hat wirken lassen, bemerkt er auf dem Nachbarbalkon einen jungen Mann, der an einem „kleinen mit Büchern bedeckten Tisch" (217, 9 – 217, 10) sitzt und arbeitet. Während Karl ihn beobachtet, wandern seine Gedanken in die Vergangenheit. Er erinnert sich, wie behaglich und sicher er sich damals fühlte, wenn er in Gegenwart der Eltern seine Hausaufgaben machte. Noch mehr Ruhe kehrt in ihn ein, als er kurz darauf feststellt, dass das vermeintliche Blut in seinem Gesicht lediglich Wasser ist, das aus einem um seine Stirn gebundenen Verband rinnt. Nun wieder zuversichtlicher geworden, unterhält er sich längere Zeit mit seinem Gegenüber, einem Studenten namens Josef Mendel, der sich freundlich und offenherzig zeigt. Ohne Umschweife gesteht dieser seinen Hass gegen Brunelda und berichtet von seinem anstrengenden Alltag. Bald hat Karl so viel Vertrauen zu ihm gewonnen, dass er seine Lage schildert und den anderen um Rat fragt.

Ihm ist die Meinung des Studenten wohl auch deshalb wichtig, weil dieser eine Arbeitsauffassung repräsentiert, die ihm bislang unbekannt ist. Mit Fleiß und Disziplin bemüht sich Mendel um einen Kompromiss zwischen Pflichterfüllung und persönlichen Vorlieben. Während er tagsüber als „niedrigster Verkäufer, eher schon Laufbursche im Warenhaus von Montly" (220, 31 – 220, 32) arbeitet, um das nötige Geld zum Leben zu verdienen, widmet er sich nachts dem Studium und folgt damit seinem eigentlichen Interes-

Ruhe und neue Zuversicht

se. Dass er dadurch auf Schlaf verzichten muss, akzeptiert er klaglos: „Vorläufig trinke ich schwarzen Kaffee." (221, 10 – 221, 11) Es ist kaum zu übersehen, dass Kafka hier seine eigene Situation beschrieben hat, unter der er während des gesamten Erwerbslebens litt. Da er tagsüber einen „Brotberuf", wie er ihn abschätzig nannte, in einer Versicherungsanstalt ausübte,[1] konnte er seiner Berufung, dem Schreiben, erst abends und nachts nachgehen – häufige Müdigkeit, Schlafprobleme und wiederkehrende Nervosität waren die Folgen. Wie so häufig spiegeln sich Kafkas Lebensumstände somit in einer Romanfigur wider.[2]

Zwischen Brotberuf und Berufung

Josef Mendel: Kafkas Leidensgenosse		
	tagsüber Brotberuf	**nachts Berufung**
Autor: Franz Kafka	Arbeit bei Versicherung	Schreiben
Figur: Josef Mendel	Arbeit im Kaufhaus	Studium

→ **Kafka hat den Zwiespalt zwischen Beruf und Berufung in der Figur Josef Mendel dargestellt.**

Da Mendel aus eigener Erfahrung weiß, wie schwierig es ist, in Amerika Arbeit zu finden, rät er Karl ausdrücklich, Bruneldas Angebot anzunehmen und ihr Diener zu werden. Die Anstellung im Kaufhaus sei für ihn „der bisher größte Erfolg [s]eines Lebens" (222, 24); müsste er sich entscheiden, so würde er „natürlich" (222, 26) diesen Posten behalten und sein Studium aufgeben. Selbst Bezirksrichter zu werden sei einfacher, als einen solchen Job zu bekommen. Karl lässt sich überzeugen. Er entscheidet sich, vorerst in

---

[1] Vgl. dazu das Unterkapitel „Kafkas Lebensstationen", S. 96 – 101.
[2] Dass Kafka mit dem Studenten seine eigene berufliche Situation darstellen wollte, legt auch die Namenswahl Josef nahe, heißt doch auch der Protagonist seines Romans „Der Proceß" Josef (K.), dessen enge Verwandtschaft zu Kafka in der Forschung wiederholt aufgezeigt wurde.

die Dienste der Sängerin zu gehen, sich also erneut den Erwartungen anderer zu unterwerfen. Nicht zufällig klingt Mendels Bekräftigung, dies zu tun, „wie von einer Stimme gesprochen, die tiefer war als jene des Studenten" (224, 1 – 224, 2) – ganz so, als melde sich das väterliche Über-Ich direkt zu Wort. Diese strenge, auf Leistung und Erfolg bedachte Instanz lässt Karl auch nicht in Frieden, als er sich endlich schlafen gelegt hat. Mit Blick auf die Zukunft denkt er bereits an eine bessere Arbeit, etwa „als Bürobeamter" (224, 25), für die er dann seine gesamte Zeit und Energie aufbringen würde.[1] „Die guten Vorsätze drängten sich in seinem Kopf, als stehe sein künftiger Chef vor dem Kanapee und lese sie von seinem Gesicht ab." (225, 4 – 225, 6) Karls Entscheidung, bei Brunelda zu bleiben, markiert den nächsten Wendepunkt. Nach seinem Aufenthalt beim Onkel in New York und später im Hotel occidental hat er nun eine neue – wenn auch überaus fragwürdige – Heimat gefunden, gelangt also wieder vom „verstoßenen" in den „geborgenen" Zustand. Insofern deutet alles darauf hin, dass Kafka auch für die neue Episode eine Drei-Phasen-Struktur geplant hat, wobei dieses Kapitel die erste Phase, nämlich den „Übergang", darstellt.

Väterliches Über-Ich

Nächster Wendepunkt

---

[1] Kafkas Sarkasmus ist in dieser Textpassage förmlich zu greifen. Während für ihn sein Bürojob eine tägliche Qual darstellte, plant sein Protagonist, „sich mit nichts anderem [zu] beschäftigen als mit seinen Büroarbeiten" (224, 33 – 224, 34). Insgeheim beschwört Kafka hier einen ganz persönlichen Albtraum. Womöglich hat er bitter gelächelt, als er beim nächtlichen Schreiben Karls Vorsätze imaginierte: „Wenn es nötig sein sollte, wollte er auch die Nacht fürs Büro verwenden [...]. Er wollte nur an das Interesse des Geschäfts denken, dem er zu dienen hätte, und allen Arbeiten sich unterziehen, selbst solchen, die andere Bürobeamte als ihrer nicht würdig zurückweisen würden." (224, 35 – 225, 4) Vielleicht hat Kafka bei diesen Sätzen auch schon mit Grausen an den nächsten Tag in der Versicherungsanstalt und die zu prüfenden Akten gedacht.

„Auf! Auf!" rief Robinson …

Die große Waschung (226, 1 – 231, 22)

Orientiert man sich am bisherigen Handlungsmuster, folgt nun die Phase der „Ruhe". Karl hat eine Bleibe gefunden und ist fürs Erste in Sicherheit. Was „Ruhe" und „Sicherheit" in diesem Fall aber bedeuten, muss er gleich am nächsten Vormittag nach dem Aufwachen erfahren. Im Zimmer herrscht allgemeine Hektik und Aufregung, da „eine große Waschung" (226, 14 – 226, 15) stattfindet. Hinter „zwei Kästen" (226, 13) und „einer spanischen Wand" (226, 23), die als Sichtschutz dienen, sitzt Brunelda ungeduldig und launisch in einer Wanne und wird von Delamarche mit einem „weit herumspritzenden Badeschwamm […] gewaschen und gerieben" (226, 18 – 226, 19), während Robinson hin- und hereilt, um Handtücher zu reichen, warmes Wasser zu bringen und weitere Befehle auszuführen, die ihm Delamarche „gereizt" (227, 9) und mit „wütende[m] Gesicht" (226, 30) erteilt. Die Anspannung wird noch größer, als Brunelda ihr Parfüm verlangt und immer hysterischer wird, weil man es nirgendwo finden kann. Sie droht damit, die Wanne nicht eher zu verlassen, bis sie es hat, und muss schließlich sogar „krampfhaft weinen" (230, 33). Keine Frage: Karl hat während seines Aufenthaltes in Amerika schon in normaleren und angenehmeren Verhältnissen gelebt.

Wie sich bereits zuvor abgezeichnet hat, ist er wieder in eine familienähnliche Konstellation geraten. Während Delamarche und Brunelda wie egozentrische Eltern auftreten, erscheinen Robinson und er wie Kinder, die ängstlich darum bemüht sind, alles richtig zu machen, um möglichen Strafen zu entgehen. Und wirklich führt sich Delamarche wie ein strenger Vater auf, kommandiert die beiden herum, droht ihnen – „Wartet bis ich über Euch komme" (229, 14 – 229, 15) – und ist kurz davor, sie zu verprügeln. Nur er darf während des Bads bei Brunelda sein und ihren

Hektik und Aufregung

Familienähnliche Konstellation

nackten Körper berühren, während den „Söhnen" ihr Anblick verwehrt bleibt. Daher reicht Robinson alle benötig-
ten Dinge durch „eine kleine Lücke" und muss dabei „den
Arm weit ausstrecken und das Gesicht abgewendet halten"
(226, 22 – 226, 25). Besonders absurd wird die Situation, als
ihn die Sängerin einmal herbeizulocken versucht, während
sie „ein Spitzenhöschen über ihrem Kopf" (227, 21)
schwenkt. Robinson allerdings stellt sich taub, erinnert er
sich doch daran, wie er ihrem Ruf einmal „schamlos"
(227, 31) gefolgt ist: „Sie haben mich damals beide gepackt
und in die Wanne getaucht, daß ich fast ertrunken wäre."
(227, 29 – 227, 30)
Karl lässt sich von solch grotesken Umständen nicht ab-
schrecken und macht sich an die Arbeit. „Da er sich nun
einmal entschlossen hatte, hier zu bleiben, wollte er auch
gleich seinen Dienst versehn." (228, 26 – 228, 28) Ohne weitere Anweisungen abzuwarten, ordnet er Delamarches und
Bruneldas Nachtlager, „was wohl seit Wochen nicht geschehen war" (228, 33 – 228, 34), erntet mit „seinem ver-
dammten Diensteifer" (229, 2 – 229, 3) aber nur Ärger. Spä-

Karls Diensteifer

ter sucht er aufmerksam nach dem Parfüm und kontrolliert
sogar die Stellen, an denen Robinson bereits nachgeschaut
hat. Angesichts dessen Hilflosigkeit erkennt Karl bald,
„daß er hier alles allein in die Hand nehmen müsse" (229,
26 – 229, 27). Wie einst beim Onkel in New York und später
als Liftjunge im Hotel occidental ist er nun auch als Diener
Bruneldas bestrebt, seine Aufgaben gut und gewissenhaft
zu erledigen. Wieder identifiziert er sich mit den Erwartungen anderer und verliert dabei seine eigenen Interessen
allmählich aus dem Blick.

Das Frühstück (231, 23 – 236, 18)

Karls Eifer wird noch deutlicher, als er mit Robinson das
Frühstück bei der Vermieterin holen geht. Er will noch am
gleichen Tag die Wohnung „zu ordnen anfangen" (231, 25)

und verspricht seinem Kameraden, ihm ein „Lager" (231, 34) zur Genesung einzurichten und sich selbst um alle Erledigungen zu kümmern – wenn nötig, würde er darüber auch mit Delamarche und Brunelda sprechen. Fast hat es den Eindruck, als wolle er Robinson wie einen ungeliebten Rivalen loswerden, um ganz allein die Anerkennung der „Eltern" zu gewinnen. Entschlossen übernimmt er die Führung und ergreift auch das Wort, als die Vermieterin ihnen aufgrund der späten Uhrzeit kein Frühstück mehr machen will. „Man bezahlt Ihnen doch alles und gewiß zahlen wir bessere Preise als alle andern" (234, 2 – 234, 3), erklärt er so resolut, als lebte er schon lange in Bruneldas Haushalt, und fügt dann forsch hinzu: „Sie müssen sich eben auch ein wenig für uns einrichten." (234, 5 – 234, 6) Immerhin kann er die Frau dazu überreden, ein Frühstück aus dem Geschirr mit Essensresten zusammenstellen zu dürfen, das er später auf dem Gang noch in eine möglichst ansehnliche Form bringt. Der unbeteiligte Robinson, dem Karl „einige Cakes und den dicken Bodensatz eines früher mit Chokolade gefüllten Töpfchens" (235, 4 – 235, 5) gibt, „[u]m ihn in Ruhe zu halten" (235, 2 – 235, 3), ist in diesem Moment längst zum „kleinen Bruder" degradiert.

Die Anstrengung hat sich gelohnt. Als Karl das Frühstück später auf einem „japanische[n] Tischchen" (235, 32 – 235, 33) vor den anderen ausbreitet, nickt ihm Brunelda „[w]ohlgefällig" (236, 1) zu und selbst „Delamarche wurde im Anblick des Essens freundlich" (236, 7 – 236, 8). Karl hat sich seinen Platz in der neuen „Familie" erobert. Glücklich über diesen Erfolg, zeigt er gleich neuen Ehrgeiz und verspricht, beim nächsten Mal alles noch „besser [zu] machen" (236, 15). Doch in diesem Moment lehnt sich sein Stolz auf, Karl erinnert sich plötzlich, „zu wem er sprach" (236, 16). Wieder hat er sich einem fremden Regelsystem unterworfen und seine Persönlichkeit verleugnet. Hat er

Kampf um Anerkennung

zuvor Robinson mit Süßigkeiten auf dessen Platz verwiesen, so reicht Brunelda nun ihm „eine Handvoll Keks" (236, 18) und drängt ihn damit auch symbolisch in die Position des Kindes.

Wieder in der Position des Kindes

Ausreise Bruneldas

Auf dem Weg zum „Unternehmen Nr. 25" (237, 1 – 241, 35)

Dieses nur fünf Seiten lange Kapitel handelt von Bruneldas Umzug. Wegen des fragmentarischen Charakters lässt sich jedoch nicht mit Sicherheit sagen, ob Kafka nach der Phase des „Übergangs" und der „Ruhe" nun tatsächlich eine Phase des „Konflikts" mit dem entsprechenden Wechsel vom „geborgenen" in den „verstoßenen" Zustand geplant hat, um die „Brunelda-Episode" abzuschließen. Es wird erzählt, wie die Sängerin von Karl und Josef Mendel eines Morgens das Treppenhaus hinuntergetragen, in einen „Handwagen" (238, 31) gesetzt und dann von Karl zum „Unternehmen Nr. 25" (241, 11) gebracht wird, offenbar einem Bordell, in dem sie künftig arbeiten soll. Was in dem vorangegangenen – wahrscheinlich mehrere Tage, wenn nicht Wochen umfassenden – Zeitraum seit dem Frühstück geschehen ist, bleibt aber unklar. So lässt sich nur vermuten, dass Delamarche und Robinson, die an keiner Stelle mehr erwähnt werden, gegangen sind, als Bruneldas Vermögen aufgebraucht war. Vielleicht ist das auch der Grund, warum sie die Wohnung aufgeben muss und ihr Auskommen nun in der Prostitution sucht. Dies sind allerdings nur Spekulationen – was Kafka selbst im Sinn hatte, wird man niemals erfahren.

Spekulationen über die vorangegangenen Ereignisse

Unklar bleibt auch, weshalb sich Bruneldas Verhalten so stark verändert hat. Gab sie sich zuvor egozentrisch und tyrannisch, so verhält sie sich nun rücksichtsvoll und bescheiden, geradezu unterwürfig. Schon beim Transport nach unten „hielt [sie] sich sehr tapfer, seufzte kaum und suchte ihren Trägern die Arbeit auf alle Weise zu erleichtern" (237, 10 – 237, 11), etwa indem sie ihnen „freundlich" (237, 17) ein Tuch zum Abtrocknen des Schweißes reicht. Bald darauf verabschiedet sie sich „sehr herzlich" (237, 28) vom Studenten, erklärt alle einstigen Misstöne zwischen ihnen für vergessen und schenkt ihm zum Dank sogar etwas Geld. Dass sich hinter ihrer rauen Fassade ein sensibler Charakter verbirgt, zeigt sich auch, als sie sich später auf dem Wagen „in ihrem Zartgefühl [...] ganz und gar mit ihrem grauen Tuch" (238, 28 – 238, 30) verdeckt, um von anderen nicht gesehen zu werden. In Wirklichkeit scheint Brunelda eine schüchterne und verletzliche Frau zu sein. So reagiert sie auf eine plötzliche Kontrolle „ängstlich[]" (239, 12) und „wagte gar nicht den Polizeimann anzusehn" (239, 15 – 239, 16). Und die spätere Begegnung mit einem aufdringlichen Mann, der unbedingt unter das Tuch blicken will, beunruhigt sie so sehr, dass sie vor Furcht und Scham „ganz in Tränen" (240, 32) ist und zunächst nicht mehr weiterfahren will. Neues Selbstvertrauen gewinnt sie erst wieder, als sie das Bordell endlich erreicht hat und vom „Verwalter" (241, 14) mit großem Respekt empfangen wird – „es war kein Zweifel, daß Brunelda einen guten Eindruck auf ihn machte" (241, 32 – 241, 33).

Da das Kapitel kurz darauf mitten im Satz abbricht, bleibt der weitere Fortgang im Dunkeln. Vermutlich hatte Kafka geplant, dass Brunelda künftig im „Unternehmen Nr. 25", von dem sie offenbar auch ein „Schriftstück" (239, 20) erhalten hat, als Prostituierte arbeiten wird – schon der Polizist merkt süffisant an: „[S]o ein Fräulein ist das Fräulein?" (239, 28) Und weil Karl überlegt, den nächsten Transport besser zu einer anderen Tageszeit auszuführen, scheint auch er eine Stelle im Bordell, vielleicht als eine Art Lauf-

Bruneldas sensibler Charakter

Weiteres Schicksal im Dunkeln

bursche[1], im Blick zu haben. In diesem Fall hätte sein sozialer Abstieg die nächste Stufe erreicht, nicht zufällig kommt ihm der anrüchige Ort gleich so „abstoßend" vor, „als wäre von allem ein schlechter Gebrauch gemacht worden und als wäre keine Reinlichkeit mehr imstande, das wieder gut zu machen" (241, 24 – 241, 26).

Karl sah an einer Straßenecke …

Das Plakat (242, 1 – 243, 14)

Auch dieses Kapitel beginnt unvermittelt mit einer Szene ohne direkten Bezug zum vorher Erzählten. Karl steht eines Tages vor einem Plakat des „Teater[s] von Oklahama" (242, 4), wobei offenbleibt, was er in der zurückliegenden Zeit seit der Ankunft im Bordell erlebt hat. Nach den erlittenen Rückschlägen scheint sich das Blatt für ihn nun zu wenden, denn das Theater sucht Personal und verkündet großspurig: „Jeder ist willkommen! Wer Künstler werden will melde sich! Wir sind das Teater, das jeden brauchen kann, jeden an seinem Ort!" (242, 6 – 242, 8) Die Bewerber sollen sich „bis Mitternacht" auf dem „Rennplatz in Clayton" (242, 2 – 242, 3) einfinden. Obwohl „kein Wort von der Bezahlung" (242, 17) erwähnt wird, möchte Karl die Chance nutzen, erhofft er sich doch den „Anfang einer anständigen Laufbahn" (242, 29), ungeachtet seiner unrühmlichen Vergangenheit: „Alles was er bisher getan hatte, war vergessen, niemand wollte ihm daraus einen Vorwurf machen." (242, 23 – 242, 25)

Neue Chance

Die Stimmung des Romans ändert sich mit dem Auftauchen des Plakats spürbar. Spiegelte die Handlung bisher

---

[1] In dem späteren Vorstellungsgespräch beim „Teater von Oklahama" gibt Karl allerdings an, in einem „Bureau" (254, 9) gearbeitet zu haben, wobei ihm die „Art des Bureaus" (254, 10) selbst im Rückblick noch so peinlich ist, dass er nicht darüber sprechen will. Dies könnte ein Hinweis darauf sein, dass er diesen ungeliebten Bürojob im Bordell ausgeführt hat.

die amerikanische Alltagsrealität mit all ihren Schattenseiten wider, so wird sie nun freundlicher, geradezu märchenhaft. Das „Teater von Oklahama" erscheint wie ein utopischer Gegenentwurf, der Karl die lang ersehnte Heimat, wenn nicht Erlösung verspricht. Und tatsächlich werden in diesem Kapitel wiederholt Bilder aus dem christlichen Kontext verwendet, die eine Deutung des Theaters als eine Art Paradies nahelegen. Schon das Plakat weckt mit dem Satz „Verflucht sei wer uns nicht glaubt!" (242, 11–242, 12) religiöse Assoziationen. Worum es sich bei dem ominösen Unternehmen aber genau handelt, wird der Leser bis zum Schluss nicht erfahren.[1]

Utopischer, paradiesischer Ort

Die Engel (243, 15 – 247, 19)

Seltsam irreal wirkt es auch, als Karl in Clayton ankommt und die riesige Anlage sieht, auf der die Bewerber aufgenommen werden. Erstaunt stellt er fest, „daß alles noch größer war, als er nur irgendwie hatte denken können" (243, 21 – 243, 22). Besonders auffallend sind „hunderte" (243, 25) als Engel verkleidete Frauen, die am Eingang auf hohen, von ihren weißen Gewändern umhüllten „Postamente[n]" (243, 31), also Sockeln, stehen und zur Begrüßung der Neuankömmlinge auf „langen goldglänzenden Trompeten" (243, 27) blasen. Nachdem das Plakat bereits auf biblische Inhalte eingestimmt hat, wird mit dieser Szenerie gleichsam ein konkretes Motiv, nämlich die Rückkehr ins Himmelreich, in der Realität nachgestellt. Allerdings wirkt das Ganze keineswegs feierlich, sondern

---

[1] In der Sekundärliteratur finden sich die unterschiedlichsten Interpretationen dieses Theaters. Unter anderem wird es als Allegorie für das Paradies und für den Tod gedeutet. Andere Autoren erkennen im Theater eine Parodie der neutestamentlichen Heilsversprechung, einen symbolischen Strafprozess, der den Protagonisten erwartet, oder Anspielungen auf die Mobilmachung im Ersten Weltkrieg. Ausschnitte aus einigen dieser Interpretationen sind in der Textausgabe auf den Seiten 335–354 abgedruckt.

eher grotesk und komisch. So sind die Köpfe der Frauen im Vergleich zu ihren riesigen Engelskörpern zu klein und „auch ihr gelöstes Haar hieng zu kurz und fast lächerlich zwischen den großen Flügeln und an den Seiten hinab" (243, 33 – 243, 35). Noch irritierender ist ihr Trompetenblasen, ein „wirrer Lärm" (243, 16), der mit himmlischen Klängen wenig gemein hat. Religiöse Erlösungsversprechen scheinen in Kafkas Roman nur als Parodie möglich zu sein, und so mancher Leser mag sich bereits an dieser Stelle fragen, ob das Theater wirklich so verheißungsvoll ist, wie es vorgibt.

Parodie religiöser Erlösungsversprechungen

Karl dagegen bleibt optimistisch. Seine Zuversicht auf eine glückliche Wendung wird noch größer, als er mit „freudiger Überraschung" (245, 7) unter den Engeln Fanny entdeckt, „eine alte Freundin" (245, 36 – 245, 37), die er offenbar in der zurückliegenden (nicht erzählten) Zeit – womöglich im „Unternehmen Nr. 25" – kennengelernt hat.[1] Frohgemut steigt er zu ihr aufs Postament und unterhält sich eine Weile mir ihr. Das Mädchen, das mittlerweile in einer der vielen „Werbetruppe[n]" (246, 26) des Theaters arbeitet, ist sich sicher, dass auch Karl hier eine Stelle bekommen wird, schließlich sei „es ja das größte Teater der Welt" (246, 14 – 246, 15), sein Ausmaß „fast grenzenlos" (246, 22). Wieder zeigen sich märchenhafte Züge der Handlung, alles scheint sich zum Besten zu fügen. Dazu passt auch, dass Karl, der einst am Klavier vor Klara jämmerlich versagt hat, Fanny mit seinem jetzigen Trompetenspiel beeindruckt.

Freudiges Wiedersehen

---

[1] Da Fanny in den vorangegangenen Kapiteln weder auftrat noch erwähnt wurde, kann man nur spekulieren, welche Rolle Kafka für sie vorgesehen hat. Es spricht aber einiges dafür, dass Karl sie im Bordell, dem „Unternehmen Nr. 25", kennenlernen sollte. Ein Hinweis darauf könnte auch ihr Vorname sein, zu dem Kafka womöglich durch John Clelands erotischen Briefroman „Fanny Hill" (im Original: „Memoirs of a Woman of Pleasure", erschienen 1749) inspiriert worden ist, der von dem Lebensweg der – zeitweise auch als Prostituierte arbeitenden – Titelfigur handelt.

Nach seiner musikalischen Einlage nennt sie ihn einen „Künstler" (246, 5) und bestärkt ihn damit in der Hoffnung, im Theater gut aufgehoben zu sein.

Die Aufnahme durch das Theater (247, 20 – 256, 35)
Zunächst aber muss Karl das Aufnahmeprozedere hinter sich bringen. Nachdem er sich beim „Personalchef" (247, 20 – 247, 21) der Werbetruppe gemeldet hat, ist er plötzlich mit einer Verwaltung konfrontiert, die man in diesem Ausmaß vielleicht bei einer Behörde, aber sicher nicht bei einem Theater erwarten würde. Nach einer kurzen Begrüßung werden die Bewerber auch schon über die „Formalitäten [i]hrer Aufnahme" (248, 29 – 248, 30) und geltenden „Vorschriften" (248, 37 – 249, 1) unterrichtet, nach ihren „Legitimationspapieren" (248, 31) gefragt und unter Ankündigung weiterer „Weisungen" (249, 22) zu den ihrer Qualifikation entsprechenden „Aufnahmskanzleien" (249, 7) geschickt, die zu Hunderten in den „Buchmacherbuden" (249, 14) des Rennplatzes eingerichtet sind. „Natürlich" (248, 1), so wurde zuvor schon erklärt, würden nicht nur Männer, sondern auch Frauen und Kinder aufgenommen: „[D]ie Familie gehört im allgemeinen zur Aufnahmskanzlei des Mannes" (249, 16 – 249, 17). Wie komplex und ausdifferenziert das Unternehmen ist, zeigt sich auch darin, dass es sogar für Karl eine passende Stelle gibt: Nachdem er zunächst von der „Kanzlei für Ingenieure" (250, 3), der „Kanzlei für Leute mit technischen Kenntnissen" (250, 21) und der „Kanzlei für gewesene Mittelschüler" (250, 28 – 250, 29) abgewiesen worden ist, da sie sich „für unzuständig" (250, 31) erklärten, gelangt er schließlich an sein Ziel, die „Kanzlei für europäische Mittelschüler" (250, 31 – 250, 32). Das „Teater von Oklahoma" scheint wirklich jeden erfassen zu wollen.

Die Szene karikiert die Anfang des 20. Jahrhunderts rasant voranschreitende Bürokratisierung der Welt, einen zentra-

Riesige Verwaltung

len Aspekt der Moderne, der die soziale Wirklichkeit nach- Bürokratisierung
haltig prägte. In dieser Zeit entwickelte sich ein riesiger zu Beginn des 20.
Verwaltungsapparat, bestehend aus zahllosen Behörden, Jahrhunderts
Ämtern und Kanzleien mit den verschiedensten Aufgaben
und Zuständigkeiten. Kafka, der als Versicherungsbeamter
mit bürokratischen Strukturen und Abläufen bestens ver-
traut war, hat solche Organisationen wiederholt in seinen
Werken beschrieben. Besonders in den späteren Romanen
„Der Proceß" und „Das Schloß" wirken sie wie anonyme
Mächte, die aus unerreichbarer Ferne das Leben des Einzelnen bestimmen – und sich dabei meist streng und abwei-
send, ohne Mitgefühl zeigen.

In Kafkas Amerika-Roman hingegen scheint die Verwaltung
gnädig gestimmt. Nachdem Karl die richtige Kanzlei gefunden hat, absolviert er das erste Aufnahmegespräch ohne
weitere Schwierigkeiten. Man macht ihm weder einen gro- Problemlose
ßen Vorwurf, dass er keine Papiere vorzeigen kann, noch, Gespräche
dass er sich bei der Begrüßung als Ingenieur ausgegeben
hat. Selbst der Name „Negro" (251, 32), der „Rufname[] aus
seinen letzten Stellungen" (251, 31 – 251, 32), mit dem er
sich aus „Scheu" (251, 25) anstelle seines wirklichen Namens vorstellt, wird trotz einiger Skepsis akzeptiert und
eingetragen. Ein Vergleich des späteren Vorstellungsge-
sprächs mit dem einstigen Verhör im Hotel occidental zeigt
das Entgegenkommen des Theaters besonders deutlich.
Schon in seiner Kürze unterscheidet sich dieses Gespräch
auffällig von der schier endlosen Befragung durch den
Oberkellner. Stand Karls Entlassung damals von Anfang an
fest, scheint jetzt „seine Aufnahme schon entschieden zu
sein" (254, 1 – 254, 2). Während ihm der Oberkellner feindlich gesinnt war, hinterhältige Fragen stellte und seine Angaben gegen ihn verwendete, ist der fürs Vorstellungsgespräch Zuständige wohlwollend und vermeidet es, Karl in
Widersprüche oder unangenehme Situationen zu bringen.
„Fragen, die er stellte, waren sehr einfach, ganz unverfäng-

lich und die Antworten wurden überdies nicht durch Zwischenfragen nachgeprüft" (253, 23 – 253, 26). So dauert es nicht lange, bis der „Führer der 10ten Werbetruppe" (253, 6) „lächelnd" (255, 31) nickt und Karl als „technische[n] Arbeiter" (256, 3) im Theater willkommen heißt.

„Zu schön, um wahr zu sein"?

Alles weist auf ein Happy End hin. Nach seiner langen Odyssee durch Amerika scheint Karl nun endlich Glück zu haben und eine wirkliche Heimat zu finden. Aber ist eine solche Wendung – zumal bei Kafka – nicht „zu schön, um wahr zu sein"? Tatsächlich fallen bei aufmerksamer Lektüre einige Details auf, die nicht in dieses freundliche Bild passen. Und so mancher Leser mag sich mit wachsender Unruhe fragen, ob sich hinter der hellen Fassade des Theaters nicht ein dunkler Abgrund verbirgt.

Übertriebener Geschäftssinn

Schon die anfängliche Begrüßung durch den „Personalchef" (247, 20 – 247, 21) ist irritierend, weil er sich – „zufrieden, daß soviele kamen" (248, 20 – 248, 21) – die Hände reibt und damit einen übertriebenen Geschäftssinn offenbart. Unbewusst zeigt er mit dieser Geste, dass der Plan aufgegangen ist und er sich diebisch über seinen Erfolg freut. Wie anders erschiene sein Auftreten, würde er den Bewerbern die Hand zum Willkommensgruß reichen!

Erste Enttäuschung

Später, nach seiner Aufnahme, erlebt Karl „die erste Enttäuschung" (256, 22), als er Fanny, die mit ihrer Truppe schon weitergereist ist, nicht mehr am einstigen Ort vorfindet – „jetzt waren dort nur noch die leeren Postamente" (256, 22). Es ist geradezu unheimlich, dass sich die beiden Freunde so plötzlich und ohne Abschied wieder aus den Augen verloren haben, fast so, als wäre ihre Begegnung ein bloßer Traum gewesen. Zur bedrückenden Stimmung tragen auch die Kinder bei, die jetzt auf dem Platz sind und um eine Feder aus einem der Engelsflügel kämpfen. „Ein Junge hielt sie in die Höhe, während die andern Kinder mit einer Hand seinen Kopf niederdrücken wollten und mit der andern nach der Feder langten." (256, 27 – 256, 29) Ist dieser Streit womöglich als böses Omen zu deuten?

Zweifel an einem glücklichen Ausgang weckt auch ein Detail aus der Entstehungsgeschichte des Romans, auf das die Sekundärliteratur wiederholt hingewiesen hat. Demnach ließ sich Kafka zum Namen „Negro" (251, 32), den Karl im Vorstellungsgespräch nennt, durch ein Foto aus Arthur Holitschers Reisebericht „Amerika heute und morgen"[1] inspirieren.[2] Dieses Foto mit der zynischen Bildunterschrift „Idyll aus Oklahama"[3] zeigt einen erhängten Schwarzen – damals meist „Neger" genannt –, der offenbar einer Lynchjustiz zum Opfer gefallen ist. Hat Kafka für seinen Protagonisten etwa ein ähnlich grausames Ende vorgesehen?

Der Name „Negro"

Das Empfangsessen (256, 35 – 259, 35)

Solche Gedanken sind mit dem „freundlichen Anblick der Zuschauertribüne" (256, 35 – 256, 36), der sich Karl nach seiner Einstellung bietet, schnell vergessen. Wie im Märchen werden die Aufgenommenen dort mit einem üppigen Festmahl empfangen. Alle sitzen „fröhlich und aufgeregt" (257, 4) an einer langen, „mit einem weißen Tuch gedeckt[en]" (257, 1 – 257, 2) Bank und werden mit den köstlichsten Speisen und Getränken „bewirtet" (257, 3). „[G]roßes Geflügel, wie es Karl noch nie gesehen hatte, mit vielen Gabeln in dem knusprig gebratenen Fleisch, wurde herumgetragen." (257, 20 – 257, 22) Fast könnte man mei-

---

[1] Vgl. zu dieser Quelle das Unterkapitel „Kafkas Quellen", S. 111 – 115.
[2] Vgl. Bodo Plachta: Der Verschollene. In: Michael Müller (Hg.): Franz Kafka. Romane und Erzählungen. Stuttgart: Reclam 2003, S. 75 – 97; hier: S. 95 f.
[3] Dafür, dass Kafka das Foto kannte, spricht insbesondere die falsche Schreibweise „Oklahama" anstelle von „Oklahoma", die er auch im Roman – womöglich ganz bewusst – verwendet.

Wie im
Schlaraffenland

nen, er sei im Schlaraffenland angekommen. Karls Begeisterung wird noch größer, als er – so unverhofft wie zuvor Fanny – den ehemaligen Liftjungen Giacomo entdeckt, der ebenfalls vom Theater aufgenommen wurde und sich nun satt isst: „[E]r hatte im Mund einen übergroßen Bissen Fleisch, aus dem er die überflüssigen Knochen langsam herauszog, um sie dann auf den Teller zu werfen" (258, 35 – 259, 1). Wieder erscheint das Theater als utopischer Gegensatz zur amerikanischen Alltagsrealität, in der sich die Nahrungsbeschaffung, wie Karl selbst erfahren musste, häufig als schwierig, wenn nicht unmöglich erweist. Mancher Leser mag an dieser Stelle an das tragische Schicksal von Thereses Mutter denken, die sich aus Verzweiflung und Hunger in den Tod gestürzt hat. Vermutlich hätte auch sie mit ihrer Tochter eine Stelle im Unternehmen gefunden.

Religiöser
Subtext

Der religiöse Subtext ist auch in dieser Textpassage kaum zu übersehen. So drängt sich die Assoziation an das „Letzte Abendmahl" auf, wenn es über das Festessen heißt: „[I]n den Becher fiel der Strahl des roten Weines" (257, 24 – 257, 25).[1] Ähnlich wie Jesus, der vor seiner Kreuzigung mit den Jüngern Brot und Wein teilte, scheint auch das Theater mit seinen neuen Anhängern eine Zeremonie abzuhalten. Vielleicht, so ließe sich angesichts der christlichen Konnotation spekulieren, steht ihnen mit der Fahrt nach „Oklahama" ebenfalls eine Art Himmelfahrt bevor? Solche Überlegungen werden durch ein Bild bestärkt, das mit anderen Bildern des Theaters herumgereicht wird und das auch Karl zu sehen bekommt. Es zeigt „die Loge des Präsidenten der Vereinigten Staaten" (257, 32 – 257, 33), die aufgrund ihrer Dimensionen und ihres Glanzes – die „Brüstung war ganz

---

[1] Darüber hinaus erinnert das unbeschwerte Zusammensein „mit dem reichlichen Essen" (257, 20) auch an das biblische „Land, in dem Milch und Honig fließen", also an das „Gelobte Land", das Gott seinem Volk nach den zu erduldenden Strapazen verspricht.

aus Gold in allen ihren Teilen" (257, 35 – 257, 36) – geradezu
überirdisch wirkt: „Rings um die Loge, von den Seiten und
von der Höhe kamen Strahlen von Licht; weißes und doch
mildes Licht enthüllte förmlich den Vordergrund der Loge,
während ihre Tiefe hinter rotem, unter vielen Tönungen
sich faltendem Sammt der an der ganzen Umrandung nie-
derfiel und durch Schnüre gelenkt wurde, als eine dunkle
rötlich schimmernde Leere erschien." (258, 3 – 258, 8) So
mancher Leser mag bei dieser feierlichen und ehrfurchts-
vollen Beschreibung – gerade in unserer heutigen Zeit –
weniger an einen Platz für den amerikanischen Präsidenten denken als vielmehr an den strahlenden Thron Gottes.
Und wirklich heißt es am Ende des Abschnitts: „Man konnte sich in dieser Loge kaum Menschen vorstellen, so selbst-
herrlich sah alles aus." (258, 8 – 258, 10) Das „Teater von
Oklahama" scheint tatsächlich ein paradiesischer Ort zu
sein, in dem alle Neuankömmlinge ein glückliches, sorgen-
freies Leben erwartet.

Doch auch beim Empfangsessen trüben manche Details
den optimistischen Eindruck und nähren die Zweifel am
freundlichen, humanistischen Charakter des Unternehmens. Schon zu Beginn der Szene irritiert das Verhalten der
Vorgesetzten, die auf die Dankesbekundungen der Feiern-
den nicht reagieren: „[S]o laut man auch rief und so sehr
man sich bemerkbar zu machen suchte, auf der Schieds-
richtertribüne deutete nichts darauf hin, daß man die Ova-
tion bemerkte oder wenigstens bemerken wolle" (257,
12 – 257, 15). Offenbar hat man das Interesse an den Neu-
ankömmlingen – jetzt, wo man nicht mehr um sie werben
muss – verloren. Eine befremdliche Kühle, die so gar nicht
zum bisherigen Auftreten des Theaters passt, kommt auch
später auf, als der Personalchef das Essen plötzlich beendet und zur Eile mahnt: „[D]enn der Zug, der Sie nach Oklahama bringen soll, fährt in fünf Minuten" (259, 15 – 259, 16).
Der Ton gegenüber den Angeworbenen wird insgesamt

Trügerischer Schein

rauer. Ohne Umschweife erklärt man ihnen, dass sie dem „Transportleiter" (259, 30), einem hektisch wirkenden Mann, „Gehorsam schulden" (259, 19), und dieser „nahm sich kaum Zeit eine flüchtige Verbeugung zu machen, sondern begann sofort mit ausgestreckten nervösen Händen zu zeigen, wie sich alle sammeln, ordnen und in Bewegung setzen sollten" (259, 21 – 259, 24). Den Verantwortlichen scheint es plötzlich nicht mehr um das Wohl der Neugewonnenen zu gehen, sondern nur noch darum, ihre Zeit- und Dienstpläne einzuhalten. So überrascht es auch nicht, dass sie bei einer scherzhaft gemeinten Äußerung eines Redners, der sich am Ende für das Festmahl bedankt, nicht lachen. Für sie scheint in seinem Satz „Geehrte Herren, so gewinnt man uns" (259, 33 – 259, 34) eine hintergründige, dunkle „Wahrheit" (259, 35) zu stecken, von der die Angeworbenen nichts ahnen. Und insgeheim beschleicht manchen Leser womöglich der Verdacht, dass das Essen ein Henkersmahl war …

Der Abtransport (259, 36 – 260, 27)

Die Atmosphäre einer subtilen, kaum greifbaren Bedrohung, die das gesamte Kapitel trotz seiner – scheinbar? – positiven Handlung beherrscht, ist bei der Lektüre der letzten Szene besonders deutlich zu spüren. Man macht sich „im Laufschritt" (259, 37) auf den Weg zum Bahnhof, wobei der „Kinderwagen" (260, 3) einer Familie an der Spitze geschoben wird und „wie haltlos auf und nieder sprang" (260, 4). Auffällig oft und explizit wird in dem Textabschnitt das Wohlwollen der Vorgesetzten gegenüber den Angeworbenen hervorgehoben: „Was für besitzlose verdächtige Leute waren hier zusammengekommen und wurden doch so gut empfangen und behütet!" (260, 4 – 260, 6) Vor allem der „Transportleiter" (260, 6), der kurz zuvor noch als kühler Technokrat auftrat, zeigt sich als wahrer Menschenfreund: Ihm mussten die Leute „geradezu ans Herz gewachsen sein" (260, 7), so engagiert unterstützt er sie: „Bald faßte er selbst mit einer Hand die Lenkstange des Kinderwagens und erhob die andere um die Truppe aufzumuntern, bald war er hinter der letzten Reihe, die er antrieb, bald lief er an den Seiten entlang, faßte einzelne langsamere aus der Mitte ins Auge und suchte ihnen mit schwingenden Armen darzustellen, wie sie laufen müßten." (260, 7 – 260, 12) Doch spätestens wenn er auf dem Bahnhof „zum Einsteigen mehr als der Schaffner [drängte]" (260, 19 – 260, 20), zeichnet sich ab, dass sich hinter seiner demonstrativen Hilfsbereitschaft der Wunsch verbirgt, die Angeworbenen möglichst schnell und reibungslos in den Zug zu bringen.[1] Das Gefühl der Bedrohung bleibt auch bestehen, als Karl und Giacomo „aneinandergedrängt" (260, 23) im Waggon sitzen und sich „im Grunde beide auf die Fahrt [freuten]" (260, 23 – 260, 24). Ihre Unbeschwertheit – „[s]o sorgenlos hatten sie in Amerika noch keine Reise gemacht" (260, 24 – 260, 25) – können vermutlich die wenigsten Leser teilen.

Verdächtige Hilfsbereitschaft

---

[1] Nicht wenige Leser mögen bei solchen Sätzen an das dunkelste Kapitel der deutschen Geschichte, den Holocaust, denken. Und tatsächlich erinnern Kafkas Beschreibungen in mancher Hinsicht an die in Zeitdokumenten, Büchern und Spielfilmen vielfach dargestellten, längst ins allgemeine Bewusstsein eingeschriebenen Szenen, in denen die jüdischen Opfer – häufig unter Vortäuschung falscher Versprechen – in die Züge gesetzt wurden, die in die Konzentrationslager fuhren. Solche Assoziationen konnte Kafka 1914 bei der Niederschrift des Kapitels natürlich nicht haben. Im Rückblick wirkt seine Bahnhofsszene aber gerade vor diesem Hintergrund beklemmend und auch erschreckend visionär.

Sie fuhren zwei Tage …

Reise ins Ungewisse (261, 1 – 261, 26)

Im letzten, eine knappe Seite umfassenden Kapitelfragment wird von der bereits „zwei Tage und zwei Nächte" (261, 1) andauernden Zugfahrt erzählt. Karl und Giacomo blicken staunend in die weite Natur, die vor dem Fenster an ihnen vorbeizieht. „Jetzt erst begriff Karl die Größe Amerikas." (261, 1 – 261, 2) Ob ihn die Reise wirklich an einen

Offenes Ende friedlichen Ort bringen wird, bleibt bis zum Schluss offen. Auch Kafkas eigene Aussagen zum Schicksal seines Protagonisten können diese Frage nicht klären, sondern tragen noch zusätzlich zur Verwirrung bei: Deutete er gegenüber Max Brod, seinem Freund und späteren Nachlassverwalter, einmal an, dass Karl gerettet und sogar „wie durch einen paradiesischen Zauber"[1] seine Eltern wiedertreffen würde, so schrieb er in seinem Tagebuch, dass Karl „strafweise umgebracht"[2] würde. Die Ungewissheit und Ambivalenz der beiden letzten Romankapitel zeigt sich auch in diesen überlieferten Sätzen. So bleibt es dem Leser selbst überlassen, sich den weiteren Handlungsverlauf vorzustellen. Besonders optimistisch stimmt die letzte Textpassage allerdings nicht. Schon die Neckereien der Jungen im Zugabteil lassen erahnen, dass die Auseinandersetzungen und Kämpfe, die Karl während seiner Zeit in Amerika schon oft erleben musste, auch in Zukunft nicht aufhören werden. Viel bedrohlicher wirkt jedoch die in diesem Abschnitt dargestellte Landschaft: „Bläulichschwarze Steinmassen giengen in spitzen Keilen bis an den Zug heran, man beugte sich aus dem Fenster und suchte vergebens ihre Gipfel,

---

[1] Max Brod: Nachwort zur ersten Ausgabe. In: Franz Kafka: Amerika. Roman. Frankfurt a. M. 1983, S. 260 – 262; hier: S. 260. Siehe auch Textausgabe, S. 333 f.

[2] Tagebucheintrag vom 30. September 1915 (Franz Kafka: Tagebücher. Hrsg. von Hans-Gerd Koch, Michael Müller und Malcolm Pasley. Frankfurt a. M. 2002, S. 757). Siehe auch Textausgabe, S. 334.

Snake River, im Hintergrund die Gipfel der Teton Range

dunkle schmale zerrissene Täler öffneten sich, man beschrieb mit dem Finger die Richtung, in der sie sich verloren" (261, 17 – 261, 21). Angesichts der Welt draußen werden die Menschen im Waggon klein und unbedeutend. Es scheint fast, als würden sie vor der gewaltigen Kulisse allmählich verschwinden – vielleicht schon ein Hinweis auf ihr baldiges Ende? Die Worte, mit denen der Roman abbricht – der Zug fährt so dicht über hinabstürzende „Bergströme" (261, 22), „daß der Hauch ihrer Kühle das Gesicht erschauern machte" (261, 24 – 261, 26) –, geben jedenfalls wenig Anlass zur Hoffnung.

Hintergründe

Kafkas Lebensstationen

Kindheit und Jugend Franz Kafka kam am 3. Juli 1883 in Prag als erstes Kind des jüdischen Kaufmanns Hermann Kafka (1852–1931) und dessen Ehefrau Julie Kafka (1856–1934), geb. Löwy, zur

Welt. Ihm folgten die Brüder Georg und Heinrich, die bereits im frühen Kindesalter starben, und die Schwestern Gabriele, genannt Elli (1889–1942), Valerie, genannt Valli (1890–1942), und Ottilie, genannt Ottla (1892–1943).[1] Von 1889 bis 1893 besuchte Kafka die „Deutsche Knabenschule" am Fleischmarkt, von 1893 bis 1901 das „Altstädter Deutsche Gymnasium". Seine Bar-Mitzwa, also die feierliche Einführung in die jüdische Gemeinde, fand am 13. Juni 1896 statt. Die Tatsache, dass sein Vater dieses Fest offiziell als „Confirmation" ankündigte, weist darauf hin,

Franz Kafka
(1883–1924)

wie stark die Familie an die deutsche Mittel- und Oberschicht assimiliert, also angepasst, war. Demzufolge wurde Kafka auch nicht streng gläubig erzogen. Dennoch gehörte er als deutschsprachiger Jude in Prag, in dem mehrheitlich Tschechen christlicher Konfession lebten, gleich in zweifacher Hinsicht einer Minderheit an – sicherlich einer der Gründe für seine Schwierigkeiten, eine (kulturelle) Identität zu finden.

Studium und Beruf Nach seiner Schulzeit begann Kafka 1901 an der „Deutschen Karl-Ferdinands-Universität zu Prag" ein Studium

---

[1] Alle drei Schwestern wurden in den Konzentrationslagern der Nationalsozialisten ermordet.

der Chemie, wechselte aber bald
darauf – nach einem kurzen Ab-
stecher in die Germanistik und
Kunstgeschichte – zu den Rechts-
wissenschaften, deren Studium
er 1906 mit einer Promotion zum
Dr. jur. abschloss, worauf das
vorgeschriebene einjährige
Rechtspraktikum folgte. Danach
trat er 1907 seinen Dienst bei der
privaten Versicherungsgesell-
schaft „Assicurazioni Generali"
an, kündigte aber aufgrund der
ihn stark belastenden Arbeitszei-
ten bereits nach einem knappen
Jahr und wechselte 1908 zu der
halbstaatlichen „Arbeiter-Unfall-
Versicherungs-Anstalt für das
Königreich Böhmen in Prag", wo
er nur noch eine Dienstzeit von 8
bis 14 Uhr hatte. Zu seinen Aufgaben gehörte die Bearbeitung
von Versicherungsfällen, später
auch die Erstellung, Einführung

Arbeiter-Unfall-Versicherungs-Anstalt
in Prag

und Überwachung von unfallverhütenden Maßnahmen in
Fabriken. Obwohl Kafka mehrmals befördert wurde (bei
seiner Pensionierung 1922 war er immerhin Obersekretär)
und seine Vorgesetzten wie Kollegen ihn als guten und ge-
wissenhaften Mitarbeiter schätzten, war ihm die Arbeit
stets ein notwendiges Übel, ein „Brotberuf", wie er selbst
sagte, der ihm Zeit und Energie für seine eigentliche Berufung raubte.

Dies war das Schreiben, mit dem er bereits in seiner Schulzeit begonnen hatte und dem er sich, unterbrochen immer
wieder von längeren Pausen, bis zu seinem Tode widmete.

Leben fürs
Schreiben

Die frühen literarischen Versuche sind nicht überliefert, vermutlich hat sie Kafka, wie etliche spätere Manuskripte, vernichtet. Seine eigentliche schriftstellerische Laufbahn begann 1908 mit der Veröffentlichung von acht kurzen Prosatexten in der Literatur- und Kunstzeitschrift „Hyperion". Kafkas eigener Ansicht nach hatte er seinen künstlerischen Durchbruch aber erst mit der Geschichte „Das Urteil", die er in der Nacht vom 22. zum 23. September 1912 geradezu rauschartig niedergeschrieben hat. Sie war der Auftakt einer höchst produktiven, mehrmonatigen Schaffensphase, in der unter anderem auch seine vielleicht berühmteste Erzählung „Die Verwandlung" entstanden ist.

Felice Bauer   Auslöser für den plötzlichen kreativen Ausbruch war Felice Bauer (1887–1960), die er am Abend des 13. August 1912 bei einem Besuch seines Freundes Max Brod (1884–1968) kennengelernt hatte. Kurz darauf begann Kafka einen umfangreichen Briefwechsel mit der Berlinerin, in dem er sich ihr zunehmend öffnete und näherte. Auch die Geschichte „Das Urteil" – mit der Widmung „Für Fräulein Felice B." – handelt von ihr und einer möglichen Eheschließung. Nach zahlreichen Briefen, aber nur wenigen realen Begegnungen kam es im Mai 1914 tatsächlich zur Verlobung, die jedoch bereits wenige Wochen später wieder aufgelöst wurde. Dieses Scheitern und seine damit einhergehenden Schuldgefühle machte Kafka zum Thema seines kurz darauf entstehenden Romans „Der Proceß". Der Kontakt zu Felice brach indes nicht ab. Im Januar 1915 sahen sich die beiden das erste Mal nach dem Zerwürfnis wieder, näherten sich allmählich erneut an und verlobten sich

Kafka und
Felice Bauer

im Juli 1917 ein zweites Mal. Nachdem aber auch diese Verlobung nur kurze Zeit hielt, trennten sie sich endgültig.

Einer der Gründe für diese Trennung war Kafkas Lungentuberkulose, die in der Nacht vom 12. auf den 13. August 1917 mit einem Blutsturz offen ausgebrochen war. Damit, so glaubte Kafka, waren ihm alle Möglichkeiten genommen, eine Familie zu gründen. Die Erkrankung war für ihn geradezu eine Erleichterung, nahm sie ihm doch existenzielle Entscheidungen ab und verschaffte ihm darüber hinaus mehr Zeit zum Schreiben. Seine wiederholten Anträge auf vorzeitige Pensionierung wurden zwar abgelehnt, weil die Versicherungsanstalt auf seine Leistung trotz der angeschlagenen Gesundheit nicht verzichten wollte. Immerhin aber wurden ihm zahlreiche Urlaube und Kuraufenthalte genehmigt, die er nicht zuletzt dafür nutzte, auf sein bisheriges Leben zurückzublicken und etwaige Versäumnisse (auch literarisch) zu reflektieren.

Krankheit

Während seines mehrmonatigen Erholungsurlaubs in Schelesen lernte er im Februar 1919 die ebenfalls lungenkranke Pragerin Julie Wohryzek (1891 – 1944) kennen und begann zwei Monate später – in der Hoffnung, eine soziale Heimat zu finden – eine Beziehung mit ihr. Die im September darauf folgende Verlobung stieß auf große Ablehnung, ja Spott von Kafkas Vater, missfiel diesem doch, dass sein Sohn – im Gegensatz zu ihm selbst – eine gesellschaftlich niedriger stehende Frau ausgewählt hatte, also „nach unten" heiraten wollte. Diese offen gezeigte Geringschätzung verschlechterte Kafkas ohnehin schon schwierige Beziehung zu seinem Vater und veranlasste ihn zur Niederschrift eines 100-seitigen, teils anklagenden, teils versöhnlichen Briefs, den er allerdings nie an seinen Adressaten abgeschickt hat.[1] Auch die Verlobung mit Julie Wohryzek führte

Neue Versuche, eine soziale Heimat zu finden

---

[1] Vgl. zu diesem Brief auch Seite 102 f. im folgenden Unterkapitel „Kafkas Themen".

Milena
Jesenská

indes nicht zur geplanten Hochzeit. Kafka beendete die Beziehung im Juli 1920, nachdem er ein paar Monate zuvor Milena Jesenská (1896–1944) kennengelernt hatte. Die in Prag geborene, mittlerweile mit ihrem Mann Ernst Pollak (1886–1947), einem Literaturkritiker, in Wien lebende Tschechin arbeitete als Journalistin und bat Kafka, seine Erzählungen in ihre Muttersprache übersetzen zu dürfen. Bald entwickelte sich eine Liebesbeziehung, die – ähnlich wie zuvor mit Felice Bauer – ihren Ausdruck insbesondere in einem intensiven Briefwechsel, aber nur wenigen realen Treffen fand. Da beide allerdings keine Perspektive für eine gemeinsame Zukunft sahen und Milena ihre Ehe nicht aufgeben wollte, ebbte ihr Kontakt 1922 allmählich ab – eine freundschaftliche Verbundenheit hielt jedoch bis zu Kafkas Tod.

Das letzte Jahr   Das letzte Jahr war von Sorgen und Leid, aber auch großem Glück geprägt. Im Juli 1923 lernte Kafka, der inzwischen pensioniert war, während eines Erholungsurlaubs im Ostseebad Müritz die in Polen geborene, aus jüdisch-orthodoxer Familie stammende Dora Diamant (1898–1952)

Dora Diamant

kennen. Sie verliebten sich ineinander und zogen bereits im September in eine gemeinsame Wohnung in Berlin. So hatte Kafka schließlich doch noch zwei ersehnte Lebensziele erreicht: Er hatte seine Geburtsstadt Prag, an die er sich stets gefesselt fühlte, verlassen und lebte zum ersten Mal mit einer Frau in einem gemeinsamen Haushalt zusammen. Doch die Zeit war überschattet von der in Deutschland herrschenden Inflation, die das Paar in wirtschaftliche Not brachte, und insbonde-

re von Kafkas immer schlechter werdendem Gesundheitszustand. Nachdem er im Winter 1923/24 infolge einer
sekundären Infektion auch noch an Kehlkopftuberkulose
erkrankt war, musste er Berlin im Frühling 1924 verlassen,
um nach einem kurzen Aufenthalt in Prag ein Sanatorium
zunächst in Feichtenbach und danach in Kierling, beide in
der Nähe Wiens, aufzusuchen. Dort wurde er von Dora Diamant und dem jungen Freund Robert Klopstock
(1899–1972) bis zum Ende betreut. Franz Kafka starb am
3. Juni 1924 im Alter von 40 Jahren. Er wurde am 11. Juni
auf dem jüdischen Friedhof Prag-Straschnitz beigesetzt.

Kafkas Themen

Eine besondere Ehre ist Franz Kafka 1973 zuteilgeworden,
als das Adjektiv „kafkaesk" in den Duden aufgenommen „kafkaesk"
wurde.[1] Anfangs nur in literaturwissenschaftlichem Zusammenhang bekannt, fand das Wort bald Eingang in die
Bildungssprache und wird mittlerweile verwendet, um Situationen diffuser Angst, Unsicherheit und Entfremdung
zu beschreiben, wie sie Kafka in seinen Texten dargestellt
hat. Den wichtigsten Anteil an dieser „kafkaesken" Wirkung seiner Literatur haben, neben dem typischen Sprachstil, die wiederkehrenden Themen.
Setzt man sich mit Kafkas Werk auseinander, wird schnell
deutlich, dass diese Themen untrennbar mit seinem Leben
verbunden sind. Ob Parabel, Erzählung oder Roman: In je-
dem Text, mag er noch so absurd oder surreal wirken, lässt
sich ein biografischer Bezug feststellen. So intensiv wie we- Biografischer
nig andere Autoren der Moderne hat Kafka persönliche Er- Bezug
lebnisse und Konflikte aufgegriffen und künstlerisch ge-

---

[1] In der 6. Auflage des „Deutschen Universalwörterbuchs" des Duden
von 2007 wird das Wort als „in der Art der Schilderungen Kafkas" und
als „auf unergründliche Weise bedrohlich" umschrieben.

staltet. „Ich habe kein literarisches Interesse", betonte er, „sondern bestehe aus Literatur, ich bin nichts anderes und kann nichts anderes sein."[1] Sein Leben, so ließe sich pointiert sagen, diente ihm als fortwährender Anlass zum Schreiben, die gemachten Erfahrungen verwandelte er zeitlebens in Literatur.

Vater-Sohn-Konflikt

Das zentrale Thema, das Kafka bis zum Ende schreibend umkreiste, war sein problematisches Verhältnis zu seinem Vater, einem erfolgreichen, selbstbewussten Kaufmann und angesehenen Bürger Prags. Seit seiner Kindheit fühlte er sich im Schatten Hermann Kafkas (1852 – 1931) minderwertig und klein. In dem über 100-seitigen „Brief an den Vater", den Kafka im Alter von 36 Jahren geschrieben (aber nie abgeschickt) hat, geht er mit diesem streng ins Gericht: „Manchmal stelle ich mir die Erdkarte ausgespannt und Dich quer über sie hin ausgestreckt vor. Und es ist mir dann, als kämen für mein Leben nur die Gegenden in Betracht, die Du entweder nicht bedeckst oder die nicht in Deiner Reichweite liegen. Und das sind entsprechend der Vorstellung, die ich von Deiner Größe habe, nicht viele und nicht sehr trostreiche

Hermann Kafka

Gegenden und besonders die Ehe ist nicht darunter."[2] Diesen Vater-Sohn-Konflikt gestaltete Kafka bereits in der Erzählung „Das Urteil", die er 1912 in einer einzigen Nacht zu Papier gebracht und für den eigentlichen Durchbruch seines literarischen Schaffens gehalten hat.

---

[1] Brief an Felice Bauer vom 14. August 1913 (Franz Kafka: Briefe an Felice. Herausgegeben von Erich Heller und Jürgen Born. Frankfurt a. M. 2003, S. 444)

[2] Franz Kafka: Brief an den Vater. In: Ders.: Hochzeitsvorbereitungen auf dem Lande und andere Prosa aus dem Nachlaß. Hrsg. von Max Brod. Frankfurt a. M. 1989, S. 119 – 162; hier: S. 158

Sie handelt von Georg Bendemann, einem jungen Mann, der seinen Vater von seiner geplanten Verlobung unterrichtet, mit diesem bald in heftigen Streit voller gegenseitiger Vorwürfe gerät und schließlich zum Tode durch Ertrinken verurteilt wird. Auf den biografischen Subtext dieser Geschichte, der sich bis in die Namenswahl der Figuren verfolgen lässt, hat Kafka selbst hingewiesen: Auslöser zur Niederschrift war Felice Bauer, die er wenige Wochen zuvor kennengelernt und danach mit seinen Briefen lange umworben hat.[1]

Doch alle Bemühungen, durch Heirat und Familiengründung einen Platz in der Gesellschaft zu finden, scheiterten. Kafka war es, trotz dreier Verlobungen, nicht möglich, eine dauerhafte Beziehung zu einer Frau einzugehen, blieb stets Junggeselle und sah sich selbst als Außenseiter. Seine dabei empfundenen Gefühle der Nichtigkeit, Scham, Einsamkeit und Fremdheit sind ein wiederkehrendes Thema seiner Texte. So verwandelt sich Gregor Samsa, der Protagonist der 1912 geschriebenen Erzählung „Die Verwandlung", eines Nachts zu einem riesigen Ungeziefer und kann seinen beruflichen und gesellschaftlichen Verpflichtungen nicht mehr nachkommen. Anfangs kümmert sich seine Familie noch um ihn, schließt ihn aber bald aus der Gemeinschaft aus und will ihn am Ende nur noch loswerden. Seine Schwester, die ihn lange Zeit umsorgt hat, erkennt ihren Bruder nicht mehr und bezeichnet ihn als „es".

Einsamkeit und Fremdheit

---

[1] So schreibt Kafka in einem Brief vom 2. Juni 1913 an Felice Bauer: „Und nun sieh, Georg hat so viel Buchstaben wie Franz, Bendemann besteht aus Bende und Mann. Bende hat so viel Buchstaben wie Kafka und auch die zwei Vokale stehn an gleicher Stelle, ‚Mann' soll wohl aus Mitleid den armen ‚Bende' für seine Kämpfe stärken. ‚Frieda' hat so viel Buchstaben wie Felice und auch den gleichen Anfangsbuchstaben, ‚Friede' und ‚Glück' liegen auch nah beisammen. ‚Brandenfeld' hat durch ‚feld' eine Beziehung zu ‚Bauer' und den gleichen Anfangsbuchstaben." (Franz Kafka: Briefe an Felice. Herausgegeben von Erich Heller und Jürgen Born. Frankfurt a. M.: Fischer 2003, S. 394)

Gregor sieht ein, dass er nicht mehr willkommen ist, und stirbt.

Das Thema „Schuld und Strafe", das die Plots, also die Handlungsgerüste, der Erzählungen „Das Urteil" und „Die Verwandlung" mitbestimmt, steht auch im Zentrum von Kafkas erstem, zwischen 1911 und 1914 entstandenem Roman „Amerika" bzw. „Der Verschollene".[1] Er handelt von dem 17-jährigen Karl Roßmann, der von seinen Eltern zur Strafe, dass er ein Dienstmädchen geschwängert hat, nach Amerika geschickt wird und dort gesellschaftlich immer tiefer sinkt, bis er vermutlich – der Roman ist nicht abgeschlossen – seinem Verderben entgegengeht. Wie groß die Diskrepanz, also das Missverhältnis, zwischen dem begangenen Fehler eines Menschen und seiner Bestrafung in Kafkas Werk ist, zeigt auch die 1914 geschriebene Erzählung „In der Strafkolonie". Hier wird ein Soldat, der während seines Dienstes eingeschlafen ist, in ein mechanisches Gerät gespannt und exekutiert, nachdem ihm zuvor das übertretene Gesetz in einer langen und blutigen Prozedur in den Rücken eingeritzt worden ist.

Gegen welches Gesetz der Protagonist von Kafkas zweitem Romanfragment „Der Proceß" (entstanden 1914/15) verstoßen hat, bleibt bis zum Ende unklar. Josef K. wird eines Morgens verhaftet und erfährt, dass gegen ihn ein Strafprozess eröffnet worden ist. Er darf sich weiterhin frei bewegen und sucht nach Gründen der Anklage und Möglichkeiten seiner Verteidigung. Doch trotz aller Bemühungen findet er keinen wirklichen Zugang zum Gericht, einer surrealen, nicht greifbaren Behörde voller seltsamer Richter, Anwälte und Diener. Immer tiefer verliert er sich in deren albtraumhaftem Labyrinth, bis er schließlich von zwei

[1] Max Brod gab dem veröffentlichten Roman den Titel „Amerika", Kafka selbst nannte ihn u. a. in seinem Tagebuch wiederholt „Der Verschollene". (Vgl. dazu auch das Unterkapitel „Entstehungs- und Editionsgeschichte des Romans ‚Der Verschollene'", S. 106–111.)

Männern abgeführt und in einem Steinbruch hingerichtet wird. Noch monströser erscheint der bürokratische Verwaltungsapparat, dem der Einzelne ohnmächtig gegenübersteht, in Kafkas letztem, 1922 geschriebenem Romanfragment „Das Schloß". Hier kämpft der Landvermesser K. um Aufnahme in eine Dorfgemeinschaft, die von einer gigantischen Schlossbehörde beherrscht wird. Doch auch er scheitert, ähnlich wie Josef K. und die meisten anderen Protagonisten Kafkas, an der schier unlösbaren Aufgabe.

Bürokratische Albträume

Die biografischen Bezüge sind auch in diesen Werken nicht zu übersehen. Während Kafka im Roman „Der Proceß" vor allem seine gescheiterte Beziehung zu Felice Bauer literarisiert, rücken im Roman „Das Schloß" generelle Überlegungen zur richtigen Lebensführung ins Zentrum. Nach Ausbruch der Tuberkulose und angesichts des nahenden Endes blickt er selbstkritisch zurück und reflektiert mögliche Versäumnisse. So hinterfragt er in der Erzählung „Ein Hungerkünstler", einem der letzten Texte (entstanden 1922), seine Entscheidung, zugunsten der Literatur auf so viel anderes zu verzichten. Sein Protagonist, ein Mann, der sich für sein öffentliches, über lange Zeit hinziehendes Schauhungern in einem Zirkus bewundern lässt, steht ebenso wie Kafka am Rande der Gesellschaft. Auch seine Kunst hält ihn von einem Leben in der Gemeinschaft ab. Kurz vor seinem Tod von einem Zirkusarbeiter befragt, warum er überhaupt gehungert habe, antwortet er mit schwacher Stimme: „[W]eil ich nicht die Speise finden konnte, die mir schmeckt. Hätte ich sie gefunden, glaube mir, ich hätte kein Aufsehen gemacht und mich vollgegessen wie du und alle."[1]

Reflexionen im Angesicht von Krankheit und Tod

---

[1] Franz Kafka: Ein Hungerkünstler. In: Ders.: Drucke zu Lebzeiten. Hrsg. von Wolf Kittler, Hans-Gerd Koch und Gerhard Neumann. Frankfurt a. M. 2002, S. 333 – 349; hier: S. 349

Entstehungs- und Editions-geschichte des Romans „Der Verschollene"

(vermutlich) 1898/99

Den Plan, einen Amerika-Roman zu schreiben, hatte Kafka bereits in seiner Jugend. „Einmal hatte ich einen Roman vor", erinnert er sich in seinem Tagebuch, „in dem zwei Brüder gegeneinander kämpften, von denen einer nach Amerika fuhr, während der andere in einem europäischen Gefängnis blieb."[1] Andere Hinweise auf dieses frühe Projekt, mit dem sich Kafka vermutlich in den Jahren 1898/99 beschäftigt hat, finden sich in seinen Aufzeichnungen nicht. Und da auch keine Manuskriptseiten erhalten sind, kann über die Frage, wie weit die Geschichte der rivalisierenden Brüder Gestalt angenommen hat, nur spekuliert werden.

Dezember 1911 – Juli 1912

Nur noch wenige Spuren gibt es auch von der ersten Fassung des „Verschollenen"-Romans, an der Kafka zwischen Dezember 1911 und Juli 1912 arbeitete. Nachdem er in der Nacht vom 22. auf den 23. September 1912 die Geschichte „Das Urteil" zu Papier gebracht und dies als seinen schriftstellerischen Durchbruch angesehen hatte, vernichtete er das – in seinen Augen „gänzlich unbrauchbare[ ]" – Romanmanuskript, das bereits an die 200 Heftseiten umfasste.[2]

25. September – 12. November 1912

Beflügelt vom unerwarteten Gelingen der Erzählung „Das Urteil", begann Kafka schon wenige Tage später mit einer neuen Romanfassung. Einen Teil des 1. Kapitels „Der Hei-

---

[1] Tagebucheintrag vom 19. Januar 1911 (Franz Kafka: Tagebücher. Hrsg. von Hans-Gerd Koch, Michael Müller und Malcolm Pasley. Frankfurt a. M. 2002, S. 146)

[2] Kafka selbst berichtete in einem Brief an Felice Bauer vom 9./10. September 1913 von „etwa 200 [Heftseiten] einer gänzlich unbrauchbaren im vorigen Winter und Frühjahr geschriebenen Fassung" (Franz Kafka: Briefe an Felice. Hrsg. von Erich Heller und Jürgen Born. Frankfurt a. M. 2003, S. 332).

zer" schrieb er direkt ins Tagebuch, danach verwendete er separate, nur für das Romanprojekt bestimmte Hefte und Konvolute. Die Arbeit ging zügig, geradezu stürmisch voran. „Kafka in Ekstase, schreibt die Nächte durch", notierte Max Brod freudig in seinem Tagebuch.[1] Und auch Kafka selbst war – ausnahmsweise – mit dem kreativen Prozess zufrieden: „Es ist die erste größere Arbeit, in der ich mich nach 15-jähriger, bis auf Augenblicke trostloser Plage seit 1 ½ Monaten geborgen fühle", schrieb er in einem Brief an Felice Bauer.[2] Tatsächlich war Kafka selten so produktiv wie in dieser Phase: Bis zum 12. November, also innerhalb weniger Wochen, entstanden die ersten sechs Kapitel und damit ein Großteil des gesamten Manuskripts.

Doch seine Schaffenskraft versiegte so schnell, wie sie gekommen war. Bis in den Januar 1913[3] schrieb er noch, mühsam und stockend, am Roman weiter – es entstanden die zwei überschriftslosen Kapitel „Es mußte wohl eine entlegene …" und „‚Auf! Auf!' rief Robinson …" –, dann sorgten wachsende Zweifel für eine vorübergehende Einstellung der Arbeit. „Mein Roman!", klagte Kafka in einem Brief an Felice Bauer aus jener Zeit. „Ich erklärte mich vorgestern Abend vollständig von ihm besiegt. Er läuft mir auseinander, ich kann ihn nicht mehr umfassen […], Falschheiten erscheinen und wollen nicht verschwinden, die Sache kommt in größere Gefahr, wenn ich an ihr weiterarbeite, als wenn ich sie vorläufig lasse."[4] Als er wenige Wochen später noch einmal durch die Seiten blätterte, fiel

14. November 1912 – 24. Januar 1913

---

[1] Tagebucheintrag vom 29. September 1912. (Vgl. Max Brod: Franz Kafka. Eine Biographie. In: Max Brod: Über Franz Kafka. Frankfurt a. M. 1991, S. 9–219; hier: S. 113.)

[2] Brief vom 11. November 1912 (Franz Kafka: Briefe an Felice. Hrsg. von Erich Heller und Jürgen Born. Frankfurt a. M. 2003, S. 86)

[3] Vom 17. November bis 6. Dezember 1912 unterbrach er die Arbeit durch die Niederschrift der Erzählung „Die Verwandlung".

[4] Brief vom 26. Januar 1913 (Franz Kafka: Briefe an Felice. Hrsg. von Erich Heller und Jürgen Born. Frankfurt a. M. 2003, S. 271)

sein Urteil noch schlechter aus: Nun sei er „zu der unwiderlegbaren Überzeugung" gekommen, dass lediglich das 1. Kapitel „aus innerer Wahrheit" herkomme, wogegen alles andere, von einzelnen Stellen abgesehen, ohne eigentliches Gefühl „hingeschrieben" sei – „und daher zu verwerfen".[1]

April – Mai 1913 So ist es kein Wunder, dass sich Kafka bald für eine separate Veröffentlichung des 1. Kapitels entschieden hat. Auf Drängen seines Verlegers schickte er Anfang April 1913 ein Typoskript, also ein maschinengeschriebenes Manuskript, an den Kurt Wolff Verlag, und bereits Ende Mai hielt er das knapp 50-seitige Büchlein mit dem Titel „Der Heizer. Ein Fragment" in den Händen.[2] Es erschien als dritter Band der neuen, von Kurt Wolff (1887 – 1963) und seinen Lektoren Franz Werfel (1890 – 1945) und Max Brod herausgegebenen Verlagsreihe „Der jüngste Tag", die als Forum für „Neue Dichtungen" bald zu einem der wichtigsten Publikationsorte expressionistischer Literatur wurde. In Kafkas Freude über das neue Buch mischte sich jedoch Irritation über die Illustration, die dem Text vorangestellt war: ein Stahlstich William Henry Bartletts (1809 – 1854) von 1838, auf dem ein alter Ozeandampfer abgebildet ist.[3] „Als ich das Bild in meinem Buche sah, bin ich zuerst erschrocken", schrieb Kafka an seinen Verleger, „denn erstens widerlegte es mich, der ich doch das allermodernste New York dargestellt hatte, zweitens war es gegenüber der Geschichte im Vorteil, da es vor ihr wirkte und als Bild konzentrierter als

---

[1] Brief vom 9./10. März 1913 (Franz Kafka: Briefe an Felice. Hrsg. von Erich Heller und Jürgen Born. Frankfurt a. M. 2003, S. 332)

[2] Kafka vereinbarte mit Wolff darüber hinaus eine gemeinsame Veröffentlichung seiner Erzählungen „Der Heizer", „Das Urteil" und „Die Verwandlung" in einem Band unter dem Titel „Die Söhne". Dieser Plan wurde allerdings nie realisiert.

[3] Siehe Textausgabe, S. 284.

[4] Alfred Kubin (1877 – 1959): österreichischer Grafiker, Buchillustrator und Schriftsteller

Prosa, und drittens war es zu schön; wäre es nicht ein altes Bild, könnte es fast von Kubin[4] sein. Jetzt aber habe ich mich schon längst damit abgefunden."[1] Versöhnlich gestimmt hat ihn sicherlich auch der Erfolg des Buches, der für den damals weitgehend unbekannten Autor alles andere als selbstverständlich war. „Der Heizer" wurde, unter anderem vom Schriftsteller Robert Musil (1880 – 1942), überwiegend positiv besprochen, und auch beim Lesepublikum fand er Anklang: Bereits im Herbst 1916 erschien die zweite Auflage, im Frühjahr 1918 folgte die dritte.

Im August 1914 nahm Kafka die Arbeit am Roman überraschend wieder auf. Dass er das Geschriebene nicht für gänzlich misslungen hielt, wie er wiederholt geäußert hatte, zeigt schon die Tatsache, dass er das Manuskript aufbewahrt und nicht – wie die erste Fassung – vernichtet hatte. Bis zum Oktober 1914 schrieb er die letzten Sätze des Kapitels „‚Auf! Auf!' rief Robinson …" sowie die fragmentarischen Kapitel „Ausreise Bruneldas", „Karl sah an einer Straßenecke" und „Sie fuhren zwei Tage …". Besonders die Schilderungen des „Teaters von Oklahama", eines gigantischen Unternehmens, das den Protagonisten wie selbstverständlich willkommen heißt und einstellt, deuten darauf hin, dass Kafka nun eine andere Richtung einschlagen wollte. Hatte er sich in seinem Roman bislang um weitgehend realistische Beschreibungen bemüht, so dominierte nun eine utopische, geradezu märchenhafte Grundstimmung. Doch schon nach wenigen Wochen legte Kafka das Manuskript erneut und diesmal für immer beiseite.

August – Oktober 1914

Eine letzte Erwähnung findet das Amerika-Projekt im Tagebuch aus dem Juli 1916. Hier hat Kafka in wenigen Sätzen eine Szene skizziert, in der die Hauptfigur offenbar in der

Juli 1916

---

[1] Brief an Kurt Wolff vom 25. Mai 1913 (Franz Kafka: Briefe 1913 – 1914. Hrsg. von Hans-Gerd Koch. Frankfurt a. M. 2001, S. 196)

Gesellschaft junger Amerikaner ist und verlacht wird.[1] Danach verlieren sich Karl Roßmanns Spuren in Kafkas Aufzeichnungen.

1927   1927, drei Jahre nach Kafkas Tod, veröffentlichte der lebenslange Freund und Nachlassverwalter Max Brod den Roman unter dem Titel „Amerika".[2] Zuvor hatte er bereits

Kafkas Manuskripte „Der Proceß" (1925) und „Das Schloß" (1926) herausgegeben. Das als Erstes entstandene „Amerika"-Manuskript folgte an letzter Stelle, da der Kurt Wolff Verlag sich weigerte, die Rechte am Anfangskapitel „Der Heizer" an den ursprünglich für die Veröffentlichung vorgesehenen Verlag Die Schmiede zu übertragen, und das Werk schließlich selbst verlegte. Wie bereits die beiden anderen Romanfragmente bearbeitete Brod auch das „Amerika"-Fragment, um ihm den Anschein möglichster Geschlossenheit zu geben. So korrigierte er nicht nur Kafkas eigenwillige Orthografie und Interpunktion,

Max Brod
(1884 – 1968)

[1] „Ausgelacht zu werden kümmerte Karl unbeschreiblich wenig. Was waren das für Burschen und was wussten sie. Glatte amerikanische Gesichter mit nur zwei drei Falten, diese aber tief und wulstig eingeschnitten, in die Stirn oder auf einer Seite der Nase und des Mundes. Geborene Amerikaner, deren Art festzustellen förmlich ein Behämmern ihrer steinernen Stirnen genügte. Was wussten sie," (Tagebucheintrag um den 6. Juli 1916. Franz Kafka: Tagebücher. Hrsg. von Hans-Gerd Koch, Michael Müller und Malcolm Pasley. Frankfurt a. M. 2002, S. 793)

[2] Diese Titelwahl begründet Brod in seinem Nachwort zur ersten Ausgabe mit dem Hinweis darauf, dass Kafka das Werk in Gesprächen seinen „amerikanischen Roman" genannt habe. (Max Brod: Nachwort zur ersten Ausgabe. In: Franz Kafka: Amerika. Roman. Hrsg. von Max Brod. Frankfurt a. M. 1983, S. 260 – 626; hier: S. 262) Im Nachwort zur dritten Ausgabe von 1946 weist Brod allerdings darauf hin, dass der Roman in Kafkas Tagebüchern unter dem Titel „Der Verschollene" erwähnt wird.

sondern ergänzte auch fehlende Kapitelüberschriften („Ein Asyl" und „Das Naturtheater von Oklahoma"), fügte einzelne Kapitel zusammen und nahm zwei fragmentarische Kapitel („„Auf! Auf!' rief Robinson ..." und „Ausreise Bruneldas") nicht in das Buch mit auf.[1]

Einen Eindruck vom ursprünglichen Manuskript konnten Leser erst 1983 gewinnen, als der Roman in der Fassung der Handschrift unter dem Titel „Der Verschollene" vom Germanisten Jost Schillemeit (1931 – 2002) herausgegeben wurde. Dieser Titel, den Kafka selbst in einem Brief an Felice Bauer und in seinem Tagebuch verwendete,[2] hat sich seither allmählich durchgesetzt.

1983

Kafkas Quellen

Kafka wollte in seinem Roman „das allermodernste New York" darstellen, wie er seinem Verleger Kurt Wolff in einem Brief mitteilte.[3] Da er jedoch nie selbst in Amerika gewesen war, musste er sich über das Land auf andere Weise informieren. Reichen Stoff fand er in der eigenen Verwandtschaft, insbesondere bei verschiedenen Cousins väterlicherseits.

Verwandtschaft:

So wanderte Emil Kafka, der Sohn von Kafkas früh verstorbenem Onkel Heinrich, 1904 nach Amerika aus und ließ sich in Chicago nieder. Nachdem er zunächst als Angestellter in einer Kurzwarenfirma gearbeitet hatte, wurde er später Abteilungsleiter eines Versandhauses. Das Unterneh-

• Cousin
Emil Kafka

---

[1] Diese zwei Kapitel veröffentlichte Brod jedoch im Anhang der zweiten Ausgabe von 1935, erschienen im Schocken Verlag.

[2] Vgl. Kafkas Brief an Felice Bauer vom 11. November 1912 (Franz Kafka: Briefe an Felice. Hrsg. von Erich Heller und Jürgen Born. Frankfurt a. M. 2003, S. 86) und seinen Tagebucheintrag vom 31. Dezember 1914 (Franz Kafka: Tagebücher. Hrsg. von Hans-Gerd Koch, Michael Müller und Malcolm Pasley. Frankfurt a. M. 2002, S. 715).

[3] Brief an Kurt Wolff vom 25. Mai 1913 (Franz Kafka: Briefe 1913 – 1914. Hrsg. von Hans-Gerd Koch. Frankfurt a. M. 2001, S. 196)

men beschäftigte rund 10.000 Mitarbeiter und erzielte durch den Einsatz modernster Vertriebsmethoden und Werbestrategien riesige Gewinne. Obwohl Kafka seinen Cousin erst im Dezember 1914 in Prag persönlich kennenlernte, ist zu vermuten, dass er über dessen Leben und Karriere schon zuvor durch Briefe und Gespräche im Verwandtenkreis unterrichtet war. Vielleicht dienten ihm die Berichte aus dem fernen Chicago sogar zur Idee und Ausgestaltung der Speditionsfirma von Karls Onkel in New York, die ähnlich gigantische Ausmaße hat.

• Cousin Otto Kafka

Inspiriert zur Figur des Onkels und dessen märchenhaftem Erfolg mag Kafka auch ein anderer Cousin haben: Gerade mal 18 Jahre alt, riss Otto Kafka, der Sohn von Kafkas Onkel Filip, 1897 von zu Hause aus, um in Südamerika und später in New York sein Glück zu machen. Und tatsächlich verwirklichte er den „American Dream" und wurde zu einem erfolgreichen Geschäftsmann, der sich sogar ein Haus auf Long Island leisten konnte, also ein „Landhaus bei New York", wie es auch Herr Pollunder, der Geschäftsfreund des Onkels im Roman, besitzt. Kafka, der Otto schon im Dezember 1906 für ein paar Tage in Prag sah, hat sich für die Berichte über den fernen Cousin, die unter den in der Heimat gebliebenen Verwandten rege ausgetauscht wurden, zur Zeit der Romanniederschrift sicherlich besonders interessiert.

• Cousin Franz/ Frank Kafka

Deutliche Parallelen zu Kafkas Protagonisten Karl Roßmann zeigt Ottos jüngerer Bruder Franz (!), der 1909 als 16-Jähriger ebenfalls nach Amerika auswanderte. Franz – der sich im neuen Land den dort üblicheren Namen Frank gab – absolvierte zunächst eine Handelsschule, trat dann einem Eliteinternat bei und arbeitete schließlich im Unternehmen seines Bruders, der hier wie ein väterlicher Freund und Gönner erscheint. Die Analogien, also Entsprechungen zum Roman sind nicht zu übersehen, hatte doch auch Karls Onkel zunächst geplant, seinen Neffen bestmöglich ausbilden zu lassen und dann in seiner Firma zu beschäftigen.

Und noch ein anderer jüngerer Bruder Ottos, nämlich Robert Kafka, scheint bei der Gestaltung von Karl Roßmann Pate gestanden zu haben; schon die gleichen, wenn auch vertauschten Anfangssilben ihrer Vor- und Nachnamen deuten auf diesen Einfluss hin. Ganz ähnlich wie Karl im Roman sorgte auch Robert in der Realität für einen peinlichen Skandal, der sicherlich lange Zeit Gesprächsstoff innerhalb der Familie und wohl auch darüber hinaus war. 1895 wurde er als 14-Jähriger von der Köchin verführt und schwängerte sie. Ihm blieb das Schicksal erspart, von den Eltern verstoßen und nach Amerika geschickt zu werden. Franz Kafka aber, der zu jener Zeit selbst noch ein Heranwachsender war und sich womöglich mehr oder weniger bewusst mit seinem Cousin identifizierte, imaginierte und durchlebte dieses Schicksal einige Jahre später aus der Perspektive seiner Romanfigur.

• Cousin Robert Kafka

Informationen über Amerika gewann Kafka, ein eifriger Zeitungsleser, auch durch die Presse, die nicht nur über politische und wirtschaftliche Ereignisse in den Vereinigten Staaten berichtete, sondern auch allgemeine Aspekte wie Alltagsleben, Kultur oder Architektur vorstellte. Insbesondere die – häufig mit Fotografien versehenen – Reiseberichte, die damals aufgrund der Amerika-Faszination in Europa überaus populär waren, vermittelten einen lebendigen Eindruck vom fernen Land.

Reiseberichte:

An erster Stelle ist hier der Reisebericht „Amerika heute und morgen" von Arthur Holitscher (1869–1941) zu nennen, der in Vorabdrucken 1911/1912 in der „Neuen Rundschau" und 1912 als Buch mit zahlreichen Abbildungen erschien. Kafka, der die „Neue Rundschau" abonniert hatte und auch die Buchausgabe in der 7. Auflage von 1913 besaß, wies – so erinnerte sich Max Brod später – häufig auf diesen Bericht hin und las wiederholt daraus vor. Spuren seiner Lektüre lassen sich im Roman an zahlreichen Stellen entdecken. Sie reichen von gleichen Themen und Motiven,

• Arthur Holitscher

etwa der Skyline von Manhattan, der hoch organisierten Arbeitsteilung in den gigantischen Unternehmen oder technischen Erfindungen, bis hin zu auffälligen Parallelen in den Beschreibungen, etwa von Kafkas „Teater von Oklahama" und dem in Holitschers Buch dargestellten Amphitheater, das Absolventen einer Sommerschule besuchen.

• František Soukup

Auch der Reisebericht des Sozialisten František Soukup (1871–1940) diente Kafka als Quelle. Es ist zwar nicht sicher, ob er die gedruckte Fassung von 1912 kannte, aber er besuchte am 1. Juni 1912 Soukups Vortrag mit dem Titel „Amerika und seine Beamtenschaft", wie ein entsprechender Tagebucheintrag belegt. Wieder lässt sich ein Einfluss auf den Roman in vielerlei Hinsicht nachweisen. So orientierte sich Kafka bei der Beschreibung des Ozeandampfers mit seiner hierarchischen Gesellschaftsstruktur oder der Darstellung New Yorks mit seinem hektischen Straßenverkehr, den riesigen Gebäuden und Hafenanlagen offenbar an den Ausführungen und Fotografien des Vortrags. Und auch zum ominösen „Unternehmen Nummer 25", in das Karl die Sängerin Brunelda gegen Romanende bringt, könnte Kafka von Soukup angeregt worden sein, stellt dieser doch auch die dunkle, tabuisierte Seite Amerikas, etwa dessen Rotlichtmilieu, dar.

Belletristik:

Information und Inspiration fand Kafka auch in der Belletristik. Auf den Einfluss durch den englischen Schriftsteller Charles Dickens (1812–1870) hat er selbst hingewiesen. So

• Charles Dickens' „David Copperfield"

notierte er am 8. Oktober 1917 in Erinnerung an dessen Roman „David Copperfield" (1849/50), den er vermutlich 1911 gelesen hatte: „Meine Absicht war wie ich jetzt sehe einen Dickensroman zu schreiben, nur bereichert um die schärferen Lichter, die ich der Zeit entnommen und die mattern, die ich aus mir selbst aufgesteckt hätte." Doch auch wenn Kafka in diesem Tagebucheintrag gleiche Motive wie etwa die „Koffergeschichte", ähnlich gezeichnete Figuren, Parallelen zwischen einzelnen Handlungssequenzen und auch dieselbe literarische „Methode"[1] anführt, ist das selbstkritische Urteil, sein Amerika-Roman sei eine „glatte Dickensnachahmung", als eine seiner typischen Übertreibungen aufzufassen. Die Parallelen zwischen seinem und Dickens' Werk sind keineswegs so tiefgehend, wie Kafka suggeriert. Von „Epigonentum"[2], also kreativlosem Nachahmertum, kann jedenfalls keine Rede sein.

Eine weitere literarische Quelle ist die Novelle „Der kleine Ahasverus" des dänischen Schriftstellers Johannes Vilhelm Jensen (1873–1950), die im Juni 1909 in der „Neuen Rundschau" erschien. Sie erzählt von der beschwerlichen Wanderschaft des vierjährigen Emigrantenjungen Leo mit seiner Schwester durch New York und ihrem abschließenden Erreichen eines Kinderasyls. Der Einfluss dieser Novelle betrifft insbesondere Thereses Geschichte über den Freitod ihrer Mutter, die nicht nur ähnliche Motive aufgreift, sondern auch von der gleichen – für Kafka eher untypischen – melancholischen, fast rührseligen Atmosphäre bestimmt ist. Darüber hinaus nennt sich Karl im Manuskript bei den Aufnahmegesprächen im „Teater von Oklahama" zunächst „Leo" (was Kafka später aber zu „Negro" verändert hat).

• Johannes Vilhelm Jensens „Der kleine Ahasverus"

Das Amerika-Bild im Roman „Der Verschollene"

Wie die meisten seiner Zeitgenossen empfand Kafka große Faszination für Amerika, das er nicht zufällig zum Schauplatz seines ersten Romans machte. Dabei hielt er sich je-

---

[1] Kafka beschreibt diese „Methode" im Tagebucheintrag nicht näher. Es ist aber zu vermuten, dass er damit die stufenförmige Handlung eines Entwicklungsromans und die realistische Darstellung der Details meint, wie sie typisch für Dickens sind.

[2] Alle Zitate stammen aus dem Tagebucheintrag vom 8. Oktober 1917 (Franz Kafka: Tagebücher. Hrsg. von Hans-Gerd Koch, Michael Müller und Malcolm Pasley. Frankfurt a. M. 2002, S. 841).

doch bei der Beschreibung des Landes keineswegs immer an die Fakten. Trotz der zahlreichen Quellen, aus denen er Informationen und Hintergrundwissen gewonnen hat,[1] weichen doch etliche Details seiner Schilderungen von der amerikanischen (Alltags-)Wirklichkeit ab. Am auffälligsten ist die Unstimmigkeit, die sich bereits im ersten Textabschnitt findet: Hier hält die Freiheitsstatue ein „Schwert" (5, 7) anstelle einer Fackel in der Hand und wird außerdem „Freiheitsgöttin" (5, 6) genannt. Darüber hinaus wird in Kafkas Amerika nicht in Dollar und Cent gezahlt, sondern in „Pfund" (69, 4) und „Schilling" (75, 18). Es gibt eine „Brücke, die New York mit Boston verbindet" (92, 8), die in Wirklichkeit gar nicht existiert, liegen die beiden Städte doch über 300 Kilometer voneinander entfernt. Der Ort Oklahoma heißt bei Kafka „Oklahama" (z. B. 242, 3), und der Weg von New York nach San Francisco führt im Roman nach „Osten" (79, 34), obwohl New York in Wirklichkeit an der Ostküste und San Francisco an der Westküste Nordamerikas liegt.

Es spricht einiges dafür, dass es sich bei diesen Diskrepanzen zwischen Roman und Realität keineswegs um Irrtümer Kafkas handelt. Vor allem das Schwert in der Hand der Freiheitsstatue,[2] aber auch die falschen Währungsangaben er-

Marginalie: Diskrepanzen zwischen Roman und Wirklichkeit

---

[1] Siehe vorangegangenes Kapitel.

[2] Dafür, dass sich Kafka bewusst für diese Abweichung von der Realität entschieden hat, spricht auch der (später von ihm gestrichene) Satz „Er sah zu ihr auf und verwarf das über sie Gelernte" (Franz Kafka: Der Verschollene. Apparatband. Hrsg. von Jost Schillemeit. Frankfurt a. M. 2002, S. 123), der im Manuskript direkt nach dem Satz „Ihr Arm mit dem Schwert ragte wie neuerdings empor und um ihre Gestalt wehten die freien Lüfte" steht und als Hinweis auf eine beabsichtigte Veränderung dieses Details aufgefasst werden kann. Darüber hinaus unterließ Kafka auch die Möglichkeit, die Beschreibung der Freiheitsstatue für eine spätere Auflage des als Buch erschienenen 1. Kapitels zu verändern, wie Mark Harmann betont: „[O]bwohl ein Rezensent im Mai 1913 darauf hinwies, hat Kafka diesen vermeintlichen Lapsus für die zweite Ausgabe des ‚Heizers' 1916, für die er Kleinigkeiten änderte, nicht korrigiert." (Mark Harmann: Wie Kafka sich Amerika vorstellte. In: Sinn und Form. H. 6. 2008, S. 794–804; hier: S. 796)

scheinen zu auffällig, als dass sie lediglich auf einem Versehen beruhen könnten. Vermutlich hat sich Kafka bewusst für die genannten Unstimmigkeiten entschieden, ging es ihm in seinem Werk doch nicht um eine realistische, gar naturalistische Abbildung Amerikas. Vielmehr wollte er einen eigenen Erzählkosmos schaffen, in dem zwar Elemente und Orte der USA aufgeführt, aber gleichzeitig auch verfremdet werden.

Eigener Erzählkosmos

Offenbar hat er Amerika aus ähnlichen Gründen wie etliche andere Schriftsteller des 19. und 20. Jahrhunderts als Schauplatz gewählt. Das Land auf der anderen Seite des Ozeans diente den Europäern als Projektionsfläche für ihre Sehnsüchte und Vorstellungen. Seit Ende des 19. Jahrhunderts standen die USA nicht zuletzt für Erfindungsgeist und Fortschritt – und damit für die wachsende Modernisierung im Allgemeinen. Auch Kafka hat sich für Amerika als Handlungsort entschieden, um dem Leser soziokulturelle Prozesse bildhaft vor Augen zu führen, die Anfang des 20. Jahrhunderts auch in seiner Heimat einsetzten.

Amerika als Schauplatz der Modernität

Ein Roman der literarischen Moderne

Denkt man an die literarische Moderne, so fällt einem fast zwangsläufig der Name Franz Kafka ein – sicherlich ist er einer der wichtigsten Repräsentanten dieser Literaturepoche. Insbesondere seine Romane „Der Proceß" und „Das Schloß", in denen das Ausgeliefertsein des Einzelnen gegenüber anonymen, undurchschaubaren Mächten im Zentrum steht, gelten als typische Werke der Moderne. Aber auch Kafkas Amerika-Roman lässt sich in diese Reihe stellen, deutet doch schon der Titel „Der Verschollene" auf eine ähnliche Thematik hin.

Kafka als Repräsentant der literarischen Moderne

Die Moderne Der Begriff „Moderne" bezeichnet eine Anfang/Mitte des 19. Jahrhunderts einsetzende Phase in der westlichen Welt, die mit einem tief greifenden Umbruch in allen Lebensbereichen einhergeht. Aus soziologischer Sicht ist ihr Beginn durch den Übergang von der feudalistischen zur bürgerlichen Gesellschaft markiert. Dieser Wandel war geprägt von einer zunehmenden Industrialisierung und Technisierung, deren Voraussetzung eine wachsende Rationalisierung auf allen kulturellen Gebieten war. Die Religion verlor dementsprechend an Einfluss: Es kam zur allmählichen Entchristlichung und Verweltlichung, die der Soziologe Max Weber (1864–1920) als „Entzauberung der Welt" und der Philosoph Friedrich Nietzsche (1844–1900) als „Tod Gottes" beschrieben haben. Mit dem Bedeutungsverlust traditioneller Sinnangebote der Religion und den zunehmend komplexer werdenden, auch gegensätzlichen Erklärungsversuchen der Wissenschaften wird die Wirklichkeit für den Menschen immer unbegreiflicher und brüchiger. Glaubte er sich in früheren Zeiten in eine göttliche Ordnung eingebettet, so fühlt er sich in der Moderne heimatlos, in ein absurdes Universum geworfen. Auf diese soziokulturellen Erschütterungen reagierte die literarische Moderne mit einer Vielzahl neuer Themen und dem Einsatz radikal neuer erzählerischer Mittel.

Für die Einordnung von Kafkas Roman in diese Literaturepoche spricht bereits der gewählte Schauplatz, galten die Vereinigen Staaten Anfang des 20. Jahrhunderts doch als *der* Ort der Modernisierung schlechthin. Die rasanten Ent-

Technische wicklungen, allen voran die technischen Fortschritte, wa-
Fortschritte ren in der amerikanischen Realität besonders deutlich spürbar. Auch im Roman „Der Verschollene" werden sie an verschiedenen Stellen beschrieben. So gibt es beispielsweise in der Firma von Karls Onkel einen riesigen Saal, in dem „im sprühenden elektrischen Licht" (43, 5) zahllose

Telefonisten arbeiten, die eintreffende Meldungen in einer Anzahl und Frequenz entgegennehmen, wie sie ein paar Jahrzehnte zuvor nicht denkbar waren. Und im Hotel occidental zeigt sich das neue Zeitalter in Form der riesigen Aufzugsanlage, die von einer ganzen Armee von Liftjungen und von eigenen Maschinisten in Betrieb gehalten wird.

Wie es typisch für die Literatur der Moderne ist, werden im Roman aber nicht nur die Vorzüge dieser Entwicklungen herausgestellt, sondern auch ihre Schattenseiten. So ist der Arbeitsalltag sowohl der Telefonisten im Unternehmen als auch der Liftjungen im Hotel von Hektik und Stress geprägt. Sie sind derart in die streng reglementierten, auf Effizienz und ökonomischen Erfolg ausgerichteten Arbeitsabläufe eingebunden, dass sie eher Maschinen als Menschen gleichen. Mit ihren hoch spezialisierten Aufgaben erfüllen sie zwar einen genau kalkulierten Zweck, verlieren aber auch ihre Würde und Freiheit. Ein Telefonist, „den Kopf eingespannt in ein Stahlband, das ihm die Hörmuscheln an die Ohren drückte" (43, 6 – 43, 8), ist zu unnatürlicher Passivität gezwungen: „[N]ur die Finger, welche den Bleistift hielten, zuckten unmenschlich gleichmäßig und rasch" (43, 9 – 43, 10). Und auch ein Liftjunge wird zum Opfer der Technisierung: Er darf seinen Arbeitsplatz unter keinen Umständen verlassen und muss stets einsatzbereit sein – an oberster Stelle steht für ihn das reibungslose Funktionieren des Aufzugs.

In der Beschreibung dieser Tätigkeiten äußert sich eine deutliche Kapitalismuskritik, die auch in anderen Romanpassagen wiederholt laut wird. Das für das moderne Zeitalter typische Wirtschaftssystem, welches auf dem freien Wettbewerb und dem Streben des Einzelnen nach Kapitalbesitz basiert, führt zu immer größeren Ungerechtigkeiten. Stetig wächst die Kluft zwischen den wenigen Vermögenden, wie Karls Onkel, der es zu immensem Reichtum ge-

Schattenseiten der neuen Arbeitsprozesse

Kapitalismuskritik

bracht hat, und den unzähligen Mittellosen, die ihren Lebensunterhalt durch entfremdete Arbeit bestreiten müssen. Der soziale Sprengstoff, der in dieser Asymmetrie liegt, wird beispielsweise in der Szene spürbar, in der Karl mit Herrn Pollunder durch die Vorstädte New Yorks fährt und eine Demonstration streikender Metallarbeiter sieht. „[D]ie Trottoire [erschienen] angefüllt mit einer in winzigen Schritten sich bewegenden Masse, deren Gesang einheitlicher war, als der einer einzigen Menschenstimme." (48, 7 – 48, 10) Die Ausgebeuteten haben sich zusammengetan, um für mehr Lohn und bessere Arbeitsbedingungen zu kämpfen. Noch drücken sie ihren Unmut durch Streik und Demonstration aus. In ihrem geballten und entschlossenen Auftreten scheinen sich aber auch schon soziale Unruhen, etwa gewaltsame Aufstände und Straßenschlachten, anzukündigen, die in kapitalistischen Gesellschaften fast zwangsläufig vorkommen.

Besonders schmerzvoll offenbaren sich im Roman die Ungerechtigkeiten der Moderne inThereses Kindheitserinnerung (vgl. 125, 11 – 129, 13). Sie handelt davon, wie Therese als fünfjähriges Mädchen mit ihrer kranken Mutter auf der Suche nach einer Unterkunft durch eine kalte Winternacht irrte. Nachdem sie überall abgewiesen worden waren, gelangten sie am nächsten Morgen zur Baustelle, auf der sich die Mutter zur Arbeit melden sollte. Doch vor lauter Hunger und Erschöpfung hatte sie allen Lebensmut verloren: Ohne sich von ihrer Tochter zu verabschieden, kletterte sie auf das Baugerüst und stürzte sich in den Tod. „Die letzte Erinnerung Thereses an ihre Mutter war, wie sie mit auseinandergestreckten Beinen dalag in dem karierten Rock, der noch aus Pommern stammte, wie jenes auf ihr liegende rohe Brett sie fast bedeckte, wie nun die Leute von allen Seiten zusammenliefen und wie oben vom Bau irgendein Mann zornig etwas hinunterrief." (129, 8 – 129, 13) Die Episode ist auch deshalb so bedrückend, weil sie die Gleich-

Tod aus Verzweiflung

gültigkeit der modernen Gesellschaft gegenüber Notleidenden unterstreicht. Der Freitod von Thereses Mutter bedeutet für die Bauarbeiter kaum mehr als eine ärgerliche Arbeitsverzögerung, für die Behörden ist er allenfalls für Armuts- oder Unfallstatistiken relevant.

Angesichts solcher trostlosen Verhältnisse überrascht es nicht, dass der Glaube an Gott kaum eine Rolle im Roman spielt. Wie es für die Literatur der Moderne typisch ist, scheinen auch Kafkas Figuren keine religiösen Hoffnungen zu haben – mit Ausnahme des Heizers vielleicht, der ein „Muttergottesbild" (11, 32) in seiner Kabine hängen hat und womöglich gläubig ist.[1] Ansonsten aber zeigen sich Spuren christlicher Tradition über weite Strecken des Romans lediglich in Ausrufen wie „Mein Gott" (53, 2), „Um Gotteswillen" (116, 30) oder „Gottseidank" (152, 7), die freilich nur floskelhaft gebraucht werden. Erst gegen Ende der Handlung tauchen religiöse Anspielungen und Bilder auf, und zwar im Zusammenhang mit dem „Teater von Oklahama", das eher an ein jenseitiges Paradies als an ein weltliches Unternehmen erinnert. So verheißt es allen Bewerbern eine glückliche Zukunft – „Jeder ist willkommen!" (242, 6 – 242, 7) – und droht den Zweifelnden in biblischem Zorn: „Verflucht sei wer uns nicht glaubt!" (242, 11 – 242, 12) Spätestens aber, wenn Hunderte als Engel verkleidete Frauen auftreten und mit ihren Trompeten einen ohrenbetäubenden Lärm machen, mit dem sie die Neuankömmlinge begrüßen, erweist sich die christliche Symbolik als Farce. Die Aussicht auf Erlösung ist in Kafkas Roman nur noch in Form der Karikatur möglich, für einen ernsthaften Glauben scheint es keinen Platz mehr zu geben.

Gottlose Zeiten

---

[1] Bezeichnenderweise können ihm dieses Bild und sein Glauben aber nicht weiterhelfen, steht der Heizer im Zimmer des Kapitäns doch auf verlorenem Posten und wird zum Opfer der dort herrschenden Ungerechtigkeiten.

Dem entspricht auch der Erzähler im Text. Er hat keinen übergeordneten Standort, sondern nimmt die Ereignisse aus der eingeschränkten Perspektive des Protagonisten Karl Roßmann wahr, entdeckt Amerika gleichsam Schritt für Schritt aus dessen Augen. Im Gegensatz zum „allwissenden" Erzähler eines vormodernen Romans, der die Handlung aus einer olympischen, gottgleichen Position wiedergibt und erläutert, könnte man ihn einen „unwissenden" Erzähler nennen. Wie der moderne Mensch in einer fremd gewordenen Welt, so steht auch er – und mit ihm seine Hauptfigur – unsicher im Erzählkosmos, ohne das Geschehen ganz zu durchschauen. Die Verlorenheit der Epoche spiegelt sich bei Kafka somit auch in der Wahl der erzählerischen Mittel wider.

Der „unwissende" Erzähler

Ebenfalls typisch für ein Werk der literarischen Moderne ist der Aufbau des Romans. Verfolgt man das Schicksal des Protagonisten, so wird schnell deutlich, dass sich die Handlung stetig nach unten bewegt. Während Karl in den ersten drei Kapiteln als Neffe eines mächtigen Senators und reichen Geschäftsmanns noch zur oberen Schicht gehört und einer gesicherten Zukunft entgegenblickt, findet er sich in den darauffolgenden drei Kapiteln als Liftjunge bereits in der Unterschicht wieder, um schließlich als Diener der verlotterten Sängerin und Prostituierten Brunelda im gesellschaftlichen Abseits zu landen. In dieser strengen Kapitelfolge erinnert der Roman an einen Entwicklungsroman, in dem der Werdegang eines jungen Menschen in der Auseinandersetzung mit der Gesellschaft geschildert wird. Doch im Gegensatz zu diesem traditionellen Romantypus, der die Ordnung und Gerechtigkeit des Seins durch eine positive, nach oben führende Handlung hervorhebt, ist dem Protagonisten bei Kafka keine innere Reifung und kein sozialer Aufstieg vergönnt. Die moderne Welt ist so chaotisch und rätselhaft geworden, dass ein Entwicklungsroman nur noch in seiner Parodie, gleichsam „auf den Kopf gestellt", angemessen erscheint.

„Auf den Kopf gestellter" Entwicklungsroman

Rezeption und Wirkung des Romans „Der Verschollene"

Die Rezeptions- und Wirkungsgeschichte beginnt 1913, bezieht sich aber zunächst nur auf das 1. Kapitel des Romans, das in diesem Jahr unter dem Titel „Der Heizer. Ein Fragment" als separate Erzählung veröffentlicht wurde. Obwohl Kafka zu diesem Zeitpunkt noch weitgehend unbekannt war, erschienen mehrere – überwiegend positive – Besprechungen zur Erzählung. So hält sie der Schriftsteller Robert Musil (1880 – 1942) in seiner „Literarischen Chronik" zwar für „eigentlich kompositionslos", gleichzeitig aber auch für „entzückend" und betont ihre „Innerlichkeit des Erlebens", ihre „schlichte Naivität" und „moralische Zartheit".[1] Auch der 1927, also drei Jahre nach Kafkas Tod, von Max Brod unter dem Titel „Amerika" herausgegebene Roman wurde, etwa von den Journalisten Siegfried Kracauer (1889 – 1966) und Kurt Tucholsky (1890 – 1935), wohlwollend aufgenommen. Allerdings stand er immer im Schatten der beiden anderen Romane „Der Proceß" und „Das Schloß", sicherlich auch deshalb, weil Brod das entstehungsgeschichtlich erste Romanmanuskript erst an letzter Stelle publizierte und die zuvor erschienenen Werke das Kafka-Bild somit schon entscheidend geprägt hatten. Auch von der Forschung wurde der „Amerika"-Roman, für den sich seit Erscheinen der kritischen Ausgabe Anfang der

Literaturkritik:

• Robert Musil

• Siegfried Kracauer
• Kurt Tucholsky

Literaturwissenschaft

---

[1] Robert Musil: Literarische Chronik. In: Ders.: Gesammelte Werke. Bd. 9: Kritik. Herausgegeben von Adolf Frisé. Reinbek bei Hamburg 1978, S. 1465 – 1471; hier: S. 1468 f.

1980er-Jahre der Titel „Der Verschollene" durchgesetzt hat, im Vergleich zu den zwei anderen Romanen stets stiefmütterlich behandelt. Häufig als untypisch für Kafka, wenn nicht gar als zweitrangig angesehen, war und ist er wesentlich seltener Gegenstand literaturwissenschaftlicher Untersuchungen als die Romane „Der Proceß" oder „Das Schloß". Dennoch gibt es mittlerweile etliche Deutungen – insbesondere auch biografische und psychoanalytische, wie sie für die Kafka-Forschung im Allgemeinen üblich sind. Die meisten Interpretationen sind jedoch sozialgeschichtlich ausgerichtet und legen ihren Fokus, vermutlich auch wegen Brods einstiger Titelwahl, auf den Schauplatz des Romans: Wurde Amerika in solchen Analysen zunächst als Inbegriff der kapitalistischen Welt aufgefasst und der Text dementsprechend kapitalismuskritisch gelesen, gilt das Land in neueren Interpretationen als Synonym für die Moderne, deren Opfer der Protagonist Karl Roßmann wird. Besonders gewandelt hat sich die Einschätzung des „Teaters von Oklahama" am Romanende. Während es früher meist als paradiesischer Gegenentwurf einer gnadenlosen, profitorientierten Gesellschaft gewertet wurde, dominieren mittlerweile negativere Lesarten: So wird es beispielsweise als ein auf die Spitze getriebenes kapitalistisches Unternehmen gedeutet, als eine Metapher für ein Strafgericht, als gigantische Maschinerie, die alle gesellschaftlich unerwünschten Individuen auslöscht, oder allgemein als Allegorie für den Tod.[1]

Theater und Oper:

• Max Brod

Als Theaterstück kam Kafkas Romanfragment das erste Mal 1957 am Schauspielhaus Zürich auf die Bühne. Max Brods die Handlung und Figurenkonstellation stark reduzierende Bearbeitung, die außerdem mit einem harmonischen, naiv anmutenden Happy End ausklingt, fiel jedoch

---

[1] Einige der Deutungen des „Teaters von Oklahama" finden sich im Anhang der Textausgabe (S. 333 – 354).

bei Publikum und Kritik durch und geriet bald in Vergessenheit. Von der „Kafka-Pleite in Zürich" sprach ein Rezensent, in einem späteren Rückblick wurde die Vorstellung ironisch „[d]ie verschollene Uraufführung" genannt.[1] In den Jahrzehnten darauf folgten weitere Theaterfassungen. So auch jene von Frank Castorf (geb. 1951), dessen Inszenierung des „Amerika"-Romans im Jahr 2012, also rund ein halbes Jahrhundert nach Brods Bearbeitung, ebenfalls im Schauspielhaus Zürich Premiere hatte. Darüber hinaus gibt es auch eine Opernfassung des Komponisten und Librettisten Roman Haubenstock-Ramati (1919 – 1994), die 1966 an der Deutschen Oper in Berlin uraufgeführt wurde. In der Tradition des absurden Theaters[2] stehend, gibt sie die Handlung wie eine Traum-Collage wieder, die sich aus einzelnen, nicht chronologischen Bildern zusammensetzt; sie hatte aber nur mäßigen Erfolg.

• Frank Castorf

• Roman Haubenstock-Ramati

1957, im Jahr der Theateruraufführung in Zürich, wurde auch die Hörspielfassung des Romans unter dem Titel „Amerika" im Rundfunk ausgestrahlt. Der Regisseur Ludwig Cremer (1909 – 1982) orientierte sich bei seiner Bearbeitung weitgehend an Brods Bühnenstück, sodass die Handlung auch bei ihm stark vereinfacht ist und viel von ihrer ursprünglichen Rätselhaftigkeit und Doppelbödigkeit verliert. Dies gilt auch für die Figuren, die dem Hörer bzw. der Hörerin die Ereignisse durch ihre Dialoge – Cremer verzichtet auf eine kommentierende Erzählerstimme – vermitteln müssen und daher weniger vielschichtig angelegt sind als in der Textvorlage und mitunter etwas eindimensional und plakativ wirken. Dennoch ist das Hörspiel, das auch heute noch

Hörspiel:

• Ludwig Cremer

---

[1] Beide Zitate aus: http://archiv.schauspielhaus.ch/uploads/media/default/0001/02/SHZ_Zeitung_5.pdf (Abruf: 29.09.2020)
[2] Unter dem „absurden Theater" versteht man eine Dramenform des 20. Jahrhunderts, die die Sinnleere des menschlichen Lebens in einer unerklärbaren, widersinnigen Welt darstellen will.

ab und zu gesendet wird,[1] durchaus empfehlenswert, bietet es doch trotz aller Einschränkungen eineinhalb Stunden spannende Unterhaltung – und außerdem einen raschen Überblick zumindest über die grobe Romanhandlung.

Film: Wie alle Romane Kafkas wurde auch „Der Verschollene" mehrfach verfilmt. Die wohl bekannteste – und irritierendste – Adaption ist der 1983 ins Kino gekommene Film

• Jean-Marie Straub und Danièle Huillet „Klassenverhältnisse" von Jean-Marie Straub (1933 – 2006) und Danièle Huillet (1936 – 2006). Wie der Titel bereits andeutet, hat das Regieduo die Romanvorlage gesellschafts- und kapitalismuskritisch interpretiert. Der Protagonist Karl Roßmann gelangt während der Handlung in verschiedene soziale und ökomische Klassen Amerikas mit ihren jeweils typischen Unterdrückungs- und Herrschaftsmustern, scheitert jedoch daran, seinen eigenen Platz und Beruf im System zu finden. Bei der Umsetzung verweigert sich der in strengen Schwarz-Weiß-Bildern gehaltene Film, der größtenteils in Hamburg gedreht wurde und schon deshalb überrascht, den üblichen filmischen Mitteln und wurde daher auch als „Anti-Film" bezeichnet. So bleibt die Kamera meist statisch in einer Position stehen und verzichtet weitgehend auf Schwenk- und Zoombewegungen. Auch der Einsatz von Musik ist auf ein Minimum reduziert. Besonders auffällig ist aber der Sprachduktus der Schauspieler und Schauspielerinnen, die ihren Text – oft lange Zitate aus dem Roman – überwiegend emotionslos vortragen, unnatürlich betonen und durch verständniserschwerende Pausen unterbrechen. Solche und weitere Verfremdungseffekte sorgen dafür, dass nicht die Gefühls-, sondern die Verstandesebene des Rezipienten bzw. der Rezipientin angesprochen wird. Dieser/Diese identifiziert sich kaum mit den Figuren, sondern richtet seine/ihre Aufmerksam-

---

[1] Manchmal ist das Hörspiel auch in der Mediathek eines Rundfunksenders im Internet abrufbar.

keit ganz auf Kafkas Text, der durch die eigenwillige Bearbeitung des Films neue, unbekannte Schichten preisgibt.

Auch Schriftsteller wurden vom „Amerika"-Roman inspiriert. So erzählt Eckhard Henscheid (geb. 1941) in seiner 1991 erschienenen Geschichte „Roßmann, Roßmann ..." das Schicksal von Kafkas Helden weiter, dies aber als groteske Komödie. Von einer Theatertournee zurückgekehrt, die er als Bläser begleitet hat, irrt Karl durch die Straßen von New York, angetrieben von der Hoffnung auf einen Job oder zumindest ein paar Münzen. Dabei glaubt er immer wieder, früheren Bekannten zu begegnen, die ihm das Leben schwermachen wollen, und verliert sich ein ums andere Mal in seinen endlosen, um sich selbst kreisenden Gedanken. Schließlich gelangt er in einen „Wienerwald"-Gasthof und lernt ein Mädchen kennen, das er – durch Vermittlung der Klofrau höchstpersönlich – noch am gleichen Tag heiratet; die erste Nacht aber verbringt die frischgebackene Ehefrau mit dem Priester ... Ohne falsche Ehrfurcht geht Henscheid, lange Zeit Autor beim Satiremagazin „Titanic", mit der literarischen Vorlage um. Er parodiert Kafkas Stil, macht aus dem Protagonisten eine tragikomische Gestalt, verändert Vorgegebenes und dichtet allerhand Neues, nicht selten Bizarres hinzu. Das Ergebnis ist eine Mischung aus teils albernem, teils absurdem Humor, die den Leser manchmal den Kopf schütteln, meist aber laut auflachen lässt.

Erfrischend frech zeigt sich auch Peter Henisch (geb. 1943) im Roman „Vom Wunsch, Indianer zu werden. Wie Franz Kafka Karl May traf und trotzdem nicht in Amerika landete" (1994). In höchst unterhaltsamer Weise erzählt er von der – fiktiven – Begegnung der beiden Schriftsteller 1908 auf einem Schiff nach Amerika. Während der weiteren Überfahrt nähern sie sich einander an, sprechen über ihre Vorstellung von guter Literatur und beginnen schließlich, die ersten Sätze eines gemeinsamen Romans zu schreiben,

Literatur:

• Eckhard Henscheid

• Peter Henisch

eben den Anfang von Kafkas „Amerika"-Roman. Besonders reizvoll ist, dass Henisch dem erdachten Plot reale Tatsachen beimischt, mehr oder weniger direkt auf Kafkas und Mays Werke anspielt[1] und sogar ein paar ihrer literarischen Figuren, beispielsweise die Gauner Delamarche und Robinson, auftreten lässt. Immer wieder entstehen so Szenen voller Situationskomik, etwa wenn Mays Frau Klara eine Séance, also eine spiritistische Sitzung, abhält, bei der Kafka bald von seinem strengen Vater heimgesucht wird. Dabei zeichnet Henisch seine beiden Helden nie spöttisch, sondern stets so augenzwinkernd liebevoll, dass vermutlich auch sie Vergnügen an der Lektüre gefunden hätten.

Kunst:
- **Tim Rollins und die K.O.S.**

Die Wirkung von Kafkas Roman lässt sich auch in der bildenden Kunst verfolgen. So schuf die Künstlergruppe „Kids of Survival" (K.O.S.), ein Zusammenschluss von benachteiligten Jugendlichen aus dem New Yorker Problemviertel Bronx, unter der Führung des Künstlers und Lehrers Tim Rollins (1955 – 2017) zwischen 1984 und 1989 den Gemäldezyklus „Amerika (after Franz Kafka)". Er umfasst 13 großformatige Bilder, die sich alle auf das „Teater von Oklahama" beziehen. Kafkas Text wird hier auch im wörtlichen Sinn zur Grundlage des künstlerischen Prozesses, denn die Jugendlichen malen ihre Assoziationen und Visionen zum mysteriösen Theater direkt auf den ausgeschnittenen und auf die Leinwand aufgespannten Buchseiten. In immer wieder neuem Arrangement tauchen goldene, ineinander verschlungene Trompeten und andere Blasinstrumente im Zyklus auf, wie sie auch in der literarischen Vorlage vorkommen. Die jungen Künstler geben mit den surrealistisch anmutenden Bildern, in denen sie auch auf andere Kunstwerke anspielen und Motive aus der eigenen Lebenswelt

---

[1] So stammt etwa Henischs Titel von Kafkas Prosaskizze „Wunsch, Indianer zu werden", die die Figur Kafka im Roman gegenüber May vorträgt. (Der Text ist 1913 in Kafkas Sammelband „Betrachtung" erschienen.)

integrieren, Einblicke in ihre Ängste und Hoffnungen. Längst hat ihr Gemäldezyklus internationale Berühmtheit erlangt. So ist etwa „Amerika VIII" im MoMA, dem Museum of Modern Art, in New York zu sehen.

Martin Kippenbergers (1953 – 1997) Kunstinstallation „Happy End of Franz Kafka's ,Amerika'" aus dem Jahr 1994 basiert ebenfalls auf dem Schluss des Romans, nämlich auf Karl Roßmanns Einstellungsgespräch beim Theater. Auf einer 20 mal 30 Meter großen Fläche ist ein grünes, fußballfeldähnliches Spielfeld, umrandet von Zuschauertribünen, angelegt, auf dem 49 verschiedene Tische mit jeweils zwei Stühlen, darunter Designermöbel, Barhocker, Hochsitze etc., platziert sind. Anhand einer konkreten Situation gestaltet Kippenberger hier eines seiner Hauptthemen, nämlich den sozialen Wettkampf, wobei die hier inszenierten Bewerbungssettings vielfältig deutbar sind: Sie könnten allgemein für den Konkurrenzkampf in der Gesellschaft stehen, aber auch speziell für den Wettbewerb zwischen den Kunstwerken (hier repräsentiert durch die verschiedenen Möbel) oder für die Situation des Künstlers, der sich immer wieder neu dem Urteil der Öffentlichkeit stellen muss. Die Installation, an der Kippenberger über drei Jahre gearbeitet hat, gilt als Schlüsselwerk zum Verständnis seines gesamten künstlerischen Schaffens.

• Martin Kippenberger

Der Roman „Der Verschollene" in der Schule

Der Blick auf die Figuren: Die Personencharakterisierung

Eine literarische Figur charakterisieren – Tipps und Techniken

In einer literarischen Charakterisierung werden neben äußerlichen Merkmalen besonders die Wesenszüge einer literarischen Figur analysiert. Gegebenenfalls muss auch ihre Entwicklung im Werk erfasst werden. Dazu ist es wichtig, die im Text vermittelten Informationen zu sammeln, zu ordnen und zu werten. Bei einem Prosatext ist dabei zwischen der unmittelbaren *Darstellung durch den Erzähler*, der *Selbstdarstellung der Figur* und den *Aussagen anderer Figuren des Werks über die Figuren* zu unterscheiden.

Auf diesem Wege gelangt man zu einer Gesamtinterpretation der Figur. Das Wesentliche soll nicht in beschreibender, sondern in argumentierender Form dargelegt werden. Alle Behauptungen, die man über eine Figur aufstellt, müssen begründet, das heißt in der Regel durch eine oder mehrere Textstellen belegt werden. Die Zeitstufe ist das Präsens.

Für die Erarbeitung einer literarischen Charakterisierung können unter anderem folgende Aspekte und Leitfragen von Bedeutung sein:

1. **Personalien, sozialer Status und äußeres Erscheinungsbild**
   - Was erfahren wir über Name, Geschlecht, Alter und Beruf der Figur?
   - Werden auffällige äußere Merkmale beschrieben?

- Wie werden die Lebensverhältnisse und das soziale Umfeld der Figur dargestellt?
- Gibt es Informationen zur Vorgeschichte der Figur?

2. Wesentliche Charaktereigenschaften und Verhaltensweisen

- Zeigt die Figur typische Verhaltenseigenschaften und Gewohnheiten?
- Was sind ihre hervorstechenden Wesensmerkmale und Charakterzüge?
- Welche Umstände prägen und bestimmen ihre Existenz?
- Welches Selbstbild hat die Figur?
- Welche inneren Einstellungen, welches Weltbild hat sie?
- Zeigt die Figur eine Veränderung in ihren äußeren Merkmalen oder eine innere Entwicklung?
- Wie wird sie von den anderen Figuren wahrgenommen?
- In welcher Beziehung steht sie zu den anderen Figuren?

3. Sprachgebrauch und Sprachverhalten

- Wie kann der Sprachgebrauch der Figur allgemein beschrieben werden (Sprachebene, Sprachstil)?
- Welche Auffälligkeiten lassen sich auf Satz- und Wortebene erkennen (Satzbau, Wortwahl ...)?
- Welche Botschaften werden durch nonverbale Kommunikation übermittelt (Mimik, Gestik, Körperhaltung)?
- Welches Gesprächsverhalten, welche Gesprächsstrategien verfolgt die Figur?

4. Zusammenfassung/Fazit

- Wie lässt sich die Funktion der Figur für den Roman beschreiben?

- Inwieweit sind die charakterlichen Merkmale gesellschaftlich bestimmt?
- Welche Gesamtdeutung der Figur ergibt sich aus den gewonnenen Ergebnissen?

Die folgenden Charakterisierungen der wichtigsten Figuren aus Kafkas Roman „Der Verschollene" bieten die wesentlichen inhaltlichen Anhaltspunkte für die Gestaltung einer Charakterisierung. Die Reihenfolge der vorgestellten Figuren orientiert sich an der Chronologie ihres Auftretens in der Handlung.

Karl Roßmann

1. Personalien, sozialer Status und äußeres Erscheinungsbild

Der 17-jährige[1] Karl Roßmann ist das einzige Kind einer gutbürgerlichen Familie aus Prag, wo er „vier Klassen eines europäischen Gymnasiums als Durchschnittsschüler durchgemacht" (68, 17 – 68, 18) hat. Nachdem er vom Dienstmädchen Johanna Brunner verführt worden ist und sie geschwängert hat, wird er von seinen Eltern zur Strafe nach Amerika geschickt. Dort kommt er zunächst zwar in die Obhut seines Onkels, des New Yorker Senators und Unternehmers Edward Jakob, und gehört damit für kurze Zeit der Oberschicht an. Nach der Trennung vom Onkel lernt Karl, nun plötzlich mittellos, aber auch andere Schichten und Milieus der amerikanischen Gesellschaft kennen: so etwa die armselige, asoziale Lebenswelt der Herumtreiber Delamarche und Robinson oder den streng nach Dienstplänen geregelten Arbeitsalltag des Hotels occidental mitsamt dem rauen Klima, das unter den Liftjungen herrscht. Obwohl er sich mit manchen Personen – insbesondere mit der jungen Sekretärin Therese Berchtold, die im Hotel sei-

---

[1] Diese Altersangabe findet sich im ersten Abschnitt des Romans (vgl. 5, 1). In einem späteren Gespräch meint Karl allerdings, erst 15 Jahre zu sein und in einem Monat Geburtstag zu haben (vgl. 112, 10 – 112, 11).

ne wichtigste Bezugsperson wird – auch anfreundet, bleibt er doch stets in der Rolle des Außenseiters und kann sich im neuen Land bis zum Schluss nicht integrieren.

Zu den auffälligsten Wesenszügen Karls gehören sein Optimismus und Kampfgeist. Obwohl er immer wieder Enttäuschungen, Niederlagen und Verluste erlebt, gibt er niemals auf. Statt der Vergangenheit nachzutrauern, schaut er zuversichtlich in die Zukunft. So findet er sich schnell damit ab, dass ihn sein Onkel ungerechterweise verstößt, und schließt sich kurzerhand zwei Vagabunden an. Und auch später, als er ohne wirkliches Verschulden seinen Liftjungenjob verliert, hadert er nicht lange mit seinem Schicksal, sondern versucht, das Beste aus der Situation zu machen.

2. Wesentliche Charaktereigenschaften und Verhaltensweisen: Optimistisch

Zu dieser positiven Grundeinstellung passt auch sein Umgang mit anderen Menschen, denen er stets wohlgesinnt gegenübertritt. So setzt er sich am Anfang mutig und loyal für die Rechte des Schiffsheizers ein, ohne diesen überhaupt zu kennen, sucht in New York die Nähe zu seinem Onkel und findet später im Hotel die ersten Freunde. Da er immer das Gute im anderen zu sehen versucht, ist er nicht nachtragend und verzeiht schnell. So verabschiedet er sich in Pollunders Landhaus freundlich, geradezu herzlich von Klara, obwohl diese ihn kurz zuvor körperlich und verbal gedemütigt hat. Manchmal freilich – beispielsweise wenn er Delamarche und Robinson noch respektvoll und höflich behandelt, nachdem sie seinen Koffer aufgebrochen haben – scheint sein Wohlwollen vor allem auf kindlicher Naivität und Unerfahrenheit zu beruhen. Als Heranwachsender hat Karl seine Position in der Gesellschaft noch nicht gefunden und ist sich seines Wertes noch nicht bewusst. Deshalb fügt er sich immer wieder brav und gehorsam dem Werte- und Normensystem eines anderen, etwa seines Onkels oder der Köchin, und achtet nicht auf seine eigenen Interessen und Bedürfnisse. In diesem ge-

Freundlich, offen gegenüber anderen

Nicht nachtragend

Naiv, unerfahren

Brav und gehorsam

Verbissen
und ernst

3. Sprachge-
brauch und
Sprachverhalten:
Nüchtern, sachlich

Wissbegierig

Zugewandt

Viele Fragen

Bescheiden

wissenhaften Streben, es anderen stets recht zu machen, wirkt er häufig verbissen und zeigt selten Humor.

Auch seine Sprache ist nüchtern und sachlich. In Gesprächen will Karl sein Gegenüber nicht beeindrucken oder durch besonderen Witz unterhalten, sondern vor allem Neues erfahren. Dementsprechend richtet er seine ganze Aufmerksamkeit auf seinen Gesprächspartner – beispielsweise auf Robinson, als er mit diesem auf Bruneldas Balkon sitzt – und stellt viele Fragen, während er seine eigene Person zurücknimmt und selbst nur in kurzen Sätzen antwortet. Ausführlicher spricht er, wenn er sich für andere einsetzt. So erklärt er im Zimmer des Kapitäns: „Ich erlaube mir zu sagen [...], daß meiner Meinung nach dem Herrn Heizer Unrecht geschehen ist. Es ist hier ein gewisser Schubal, der ihm aufsitzt. Er selbst hat schon auf vielen Schiffen, die er Ihnen alle nennen kann, zur vollständigen Zufriedenheit gedient, ist fleißig, meint es mit seiner Arbeit gut und es ist wirklich nicht einzusehn, warum er gerade auf diesem Schiff, wo doch der Dienst nicht so übermäßig schwer ist, wie z. B. auf Handelsseglern, schlecht entsprechen soll-

Höflich, aber
bestimmt

Hypotaxen

Eloquent

te." (15, 7 – 15, 14) In solchen höflich, aber bestimmt vorgebrachten Reden, die durch elegante Wendungen und Hypotaxen überraschen, zeigt Karl nicht nur viel Mut und Gerechtigkeitssinn, sondern auch eine Eloquenz, die weit über sein Alter hinausreicht.

4. Zusammen-
fassung/Fazit

Aufgrund seiner positiven, optimistischen Lebenseinstellung fällt es leicht, sich mit dem Protagonisten Karl Roßmann zu identifizieren und ihn auf seinem Weg durch Amerika zu begleiten. Dabei wird dem Leser aber immer wieder vor Augen geführt, dass ein Mensch trotz allem guten Willen scheitern kann, wenn ihm seine Umwelt feindlich gegenübersteht. Umso tröstlicher mag es erscheinen, dass Karl dennoch nie die Hoffnung verliert und bis zum Ende

für sein Glück kämpft. Ob er dafür schließlich belohnt wird
oder doch untergeht, bleibt angesichts des offenen Roman-
endes allerdings der Fantasie des Lesers überlassen.

Der Heizer

Der Heizer – sein Name wird an keiner Stelle genannt – gehört als einfacher Arbeiter der Unterschicht an und lebt in
entsprechend kargen Verhältnissen. Seine Kabine auf dem
Schiff ist so eng, dass sie kaum Platz für zwei Personen bietet, sein gesamtes Hab und Gut hat er in einem kleinen Koffer verstaut. Passend zu seinem anstrengenden Beruf, ist er
groß und kräftig gebaut, außerdem hat er dunkle kurze
Haare. Offenbar ist er schon lange als Heizer tätig: Er selbst
betont, „schon auf so vielen Schiffen gedient" (9, 14) zu haben, und auch im Erzählerbericht wird einmal hervorgehoben, dass er „schon viel in der Welt herumgekommen" (16,
3 – 16, 4) sei.

1. Personalien, sozialer Status und äußeres Erscheinungsbild

Dementsprechend erfahren und abgeklärt gibt er sich im Gespräch mit Karl. Er erteilt dem Jüngeren Ratschläge, was dieser wegen des zurückgelassenen Koffers tun sollte, und er-
mutigt ihn später sogar zu einem Studium in Amerika. In
seinem ganzen Auftreten erweckt der Heizer anfangs den
Eindruck, schon so viel erlebt und gesehen zu haben, dass
man ihm nichts mehr vormachen könne. Gewandt zeigt er
sich auch gegenüber dem Küchenmädchen Line: Er „legte
den Arm um ihre Hüfte und führte sie, die sich immerzu kokett gegen seinen Arm drückte, ein Stückchen mit" (12,
29 – 12, 30). Zunächst also könnte man meinen, der Heizer sei
ein „gestandener Mann" mit gesundem Selbstwertgefühl.

2. Wesentliche Charaktereigen-schaften und Verhaltensweisen:

Erfahren und abgeklärt

Gewandt und weltmännisch

Wie vorschnell diese Einschätzung aber ist, wird kurz darauf im Zimmer des Kapitäns deutlich, bei dem er sich über
die Schikanen des Obermaschinisten Schubal beschweren
will. Nun scheint der Heizer wie ausgewechselt zu sein.
Eben noch selbstsicher und forsch, verhält er sich gegen-

über den Vorgesetzten zurückhaltend, geradezu unterwürfig. Als er vom Diener nach draußen verwiesen wird, blickt er nur hilflos zu Karl, „als sei dieser sein Herz dem er stumm seinen Jammer klage" (14, 21 – 14, 22), und überlässt dem Jungen das Reden. Und als er später selbst das Wort übernimmt, ist er so nervös, dass er sich kaum verständlich ausdrücken kann und die Aufmerksamkeit der anderen bald verliert. In seiner unbeholfenen Art erinnert er an ein Kind, dem die Erwachsenen zwar eine Weile lang zuhören, das aber letztlich nur stört. Offenbar hat sich in ihm große Wut und Frustration angestaut, die er hinter der Maske des Unterwürfigen nur mühsam verbergen kann. Manchmal aber kommt sein Ärger offen zum Vorschein, etwa wenn er über Schubal schimpft und sich dabei auch nationalistisch zeigt: „Warum ist der Obermaschinist ein Rumäne? […] Das ist doch nicht zu glauben. Und dieser Lumpenhund schindet uns Deutsche auf einem deutschen Schiff." (9, 6 – 9, 9) Der Heizer scheint vieles persönlich zu nehmen und fühlt sich nicht nur von Schubal, sondern von aller Welt schlecht behandelt.

So ist es kein Wunder, dass er nach einem kurzen Aufbegehren im Zimmer des Kapitäns aufgibt und in die Opferrolle flieht. War er kurz zuvor noch „außer Rand und Band" (20, 14 – 20, 15) und hatte empört um sein Recht gekämpft, so fügt er sich schließlich, als er die Vergeblichkeit aller Bemühungen einsieht, seinem Schicksal. Obwohl er sogar ein „Muttergottesbild" (11, 32) bei sich hat, das auf einen religiösen Glauben hinweist, ist er doch überaus pessimistisch gestimmt. Offenbar hat er schon häufig die Erfahrung machen müssen, dass seine Klagen nutzlos sind. Das Leben, so scheint seine Überzeugung zu sein, ist grausam und ungerecht.

Der Charakter des Heizers spiegelt sich auch in seinem Sprachgebrauch und Sprachverhalten wider. Während er gegenüber Karl, dem er sich überlegen fühlt, selbstsicher

---

Marginalien (linke Spalte):

Unterwürfig

Hilflos

Nervös

Unbeholfen

Wütend und frustriert

Nationalistisch

Nimmt vieles persönlich

In der Opferrolle

Schicksalsergeben
Religiös
Pessimistisch

3. Sprachgebrauch und Sprachverhalten:

ist und die richtigen Worte findet, zeigt er sich vor dem Kapitän und den anderen Offizieren aufgeregt und konfus: „Er redete sich allerdings in Schweiß, die Papiere auf dem Fenster konnte er längst mit seinen zitternden Händen nicht mehr halten, aus allen Himmelsrichtungen strömten ihm Klagen über Schubal zu, von denen seiner Meinung nach jede einzelne genügt hätte diesen Schubal vollständig zu begraben, aber was er dem Kapitän vorzeigen konnte, war nur ein trauriges Durcheinanderstrudeln aller insgesamt." (18, 9 – 18, 15) Er „verzettelt" sich in seinen Ausführungen, wird zum Opfer der eigenen Emotionen und kann somit nicht für sich einstehen. Am Ende bleiben ihm nur Kapitulation und resigniertes Schweigen.

Selbstsicher, wenn er sich überlegen fühlt, aufgeregt und konfus vor Mächtigeren

„Verzettelt" sich leicht

Resigniertes Schweigen

Die wichtige Bedeutung des Heizers für die Romanhandlung zeigt sich schon daran, dass das 1. Kapitel nach ihm benannt ist. Anhand des Scheiterns dieser Figur erfährt der Protagonist Karl Roßmann, was auch ihn im fremden Land erwartet. Kaum angekommen, wird er Zeuge davon, dass man hier nicht mit einer fairen Behandlung rechnen kann, sondern schnell zum Spielball sozialer Hierarchien und Machtverhältnisse wird. Der Untergang des Heizers, so ließe sich pointiert sagen, nimmt Karls eigenes Schicksal, seinen baldigen Abstieg in der amerikanischen Gesellschaft, vorweg.

4. Zusammenfassung/Fazit

Edward Jakob

Karls Onkel lebt schon seit über 30 Jahren in den Vereinigten Staaten und hat den Kontakt zu seiner europäischen Verwandtschaft längst abgebrochen, an einer Stelle deutet er ein Zerwürfnis mit Karls Eltern an (vgl. 25, 8 – 25, 13). Seinen ursprünglichen Namen „Jakob Bendelmayer" hat er in den für Amerika üblicheren Namen „Edward Jakob" ändern lassen, für seinen Neffen ist er aber „Onkel Jakob" (79, 10). Zunächst klein angefangen, kämpfte er sich in der

1. Personalien, sozialer Status und äußeres Erscheinungsbild

neuen Heimat nach oben und ist ein reicher Spediteur und mächtiger Senator geworden. Seiner gesellschaftlichen Position entsprechend, umgibt er sich vor allem mit Angehörigen der Oberschicht, so etwa mit den Geschäftsfreunden Pollunder und Green. Er wohnt allein als Junggeselle in einem großen Haus, offenbar lässt ihn sein Beruf keine Zeit für ein Leben mit Frau und Kindern.

2. Wesentliche Charaktereigenschaften und Verhaltensweisen:
Fleißig und diszipliniert

Als typischer „Selfmademan", der sich aus eigener Kraft hochgearbeitet hat und damit den „American Dream" verkörpert, gehören zu seinen wichtigsten Eigenschaften Fleiß und Disziplin. Im Lauf der Zeit hat er ein gewaltiges Unternehmen mit den „drittgrößten Lagerhäuser[n] im Hafen" (43, 36 – 43, 37), mit eigenen Telegrafen- und Telefonsälen aufgebaut und herrscht über unzählige Angestellte. Dementsprechend selbstbewusst tritt er auf und ist stolz auf seinen Erfolg. Angetrieben von Ehrgeiz und unbändigem Siegeswillen, scheint er seinen Reichtum stetig mehren zu wollen, obwohl er sich eigentlich längst zur Ruhe setzen könnte.

Selbstbewusst
Stolz, ehrgeizig
Gierig

Hilfsbereit

Bei allem Streben zeigt sich Edward Jakob doch auch hilfsbereit gegenüber anderen, zumindest gegenüber seinem Neffen. Der Bitte des Dienstmädchens aus Europa entsprechend, nimmt er Karl bei sich auf und bewahrt ihn zunächst vor einer unsicheren Zukunft. Er bietet ihm alles, um sich im fremden Land schnell einzuleben, „kam ihm [...] auch in jeder Kleinigkeit freundlich entgegen" (35, 2 – 35, 3). So schenkt er dem Neffen ein Klavier, fördert sein Englischlernen durch einen Professor und ermöglicht ihm Reitunterricht. Schritt für Schritt führt er Karl in die Gesellschaft ein, vermutlich plant er sogar, ihm eines Tages sein Geschäft zu übergeben.

Großzügig

Doch seine Großzügigkeit ist keineswegs so selbstlos, wie es anfangs scheinen mag. Als Gegenleistung erwartet der Onkel die strikte Befolgung seines Willens. Er nennt sich ein „Mann von Principien" (78, 19) und scheint wie selbstver-

Erwartet Befolgung seines Willens
Prinzipientreu

ständlich davon auszugehen, dass diese auch für den Neffen gelten. So verzieht er „immer ärgerlich das Gesicht" (36, 33 – 36, 34), wenn Karl die Aussicht auf dem Balkon genießt, und steht auch dessen Wunsch nach einem Klavier skeptisch gegenüber. Hinter seiner zur Schau gestellten Hilfsbereitschaft und Zuneigung verbirgt sich letztlich maßlose Egozentrik.

Egozentrisch

Wie stark, geradezu krankhaft dieser Wesenszug im Onkel ausgeprägt ist, zeigt sich spätestens dann, wenn er Karl aus seinem Leben verstößt. Er ist tödlich beleidigt, dass der Neffe gegen seinen Willen die Einladung Herrn Pollunders angenommen hat, und reagiert auf diese Unfolgsamkeit mit dem Abbruch aller Beziehungen – auch in Zukunft müsse ein „Zusammentreffen unbedingt vermieden werden" (79, 37). Hinter der selbstbewussten Fassade scheint sich ein verletzliches Ich voller Komplexe zu verstecken, das jede Kränkung durch andere tunlichst vermeiden will. Psychologen würden dem Onkel vermutlich ein vermindertes Selbstwertgefühl, eine narzisstische Persönlichkeitsstörung, bescheinigen.

Schnell gekränkt und beleidigt

Verletzliches Ich voller Komplexe

Vermindertes Selbstwertgefühl, narzisstisch gestört

Als Mann von Welt versteht es Edward Jakob, sich souverän und gewinnend auszudrücken. Seine Eloquenz zeigt sich insbesondere in den Ausführungen vor dem Kapitän, die in direkter Rede wiedergegeben sind (vgl. 26, 8 – 27, 8). Hier wählt er komplizierte, hypotaktische Sätze; der längste von ihnen erstreckt sich über eine dreiviertel Seite und findet trotz aller Nebensätze und Einschübe sicher und korrekt zum Ende (vgl. 26, 14 – 26, 32). Offenbar hört sich der Senator gerne reden, genießt es, sich vor Publikum zu präsentieren. Dabei begnügt er sich nicht mit der bloßen Schilderung von Sachverhalten, sondern kommentiert und bewertet diese andauernd. Seinem Narzissmus gemäß kommt er immer wieder auf sich selbst und seine eigenen Belange zu sprechen. Und wenn er sich einmal „meine Wenigkeit" (26, 1) nennt, betont diese demonstrative Bescheidenheit

3. Sprachgebrauch und Sprachverhalten: Souverän, gewinnend, eloquent

Komplizierte, hypotaktische Sätze

Redet gerne vor Publikum

Kommentiert und bewertet

Egozentrisch und selbstverliebt

seinen übersteigerten Ich-Bezug mehr, als dass sie davon ablenken könnte. In anderen Situationen gebraucht er seine Sprachkompetenz, um negative Gefühle wie Ärger und Wut zu verdecken. So wird sein verletzter Stolz im Abschiedsbrief an Karl hinter all den fadenscheinigen Rechtfertigungen, heuchlerischen Liebesbekundungen und Höflichkeitsfloskeln nur indirekt spürbar (vgl. 78, 17 – 79, 10).

Verdeckt starke Emotionen durch Sprache

Heuchlerisch

Edward Jakob spielt für die Entwicklung des Protagonisten und für den weiteren Handlungsverlauf eine entscheidende Rolle. Immer wieder gerät Karl während seines Aufenthalts in New York in den Konflikt, entweder die Erwartungen des Onkels auf Kosten seiner eigenen Interessen zu erfüllen oder dem eigenen Willen zu folgen, damit aber die Wertschätzung des Onkels zu verlieren. Wie dramatisch eine eigenständige Entscheidung ausgehen kann, muss er schließlich am eigenen Leib erfahren, als ihn der Senator verstößt und seinem weiteren Schicksal überlässt. Erst in diesem Moment wird deutlich, wie unsicher und narzisstisch gestört dieser scheinbar so souveräne Mann in Wirklichkeit ist.

4. Zusammenfassung/Fazit

Mack

Mack[1], „ein schlanker, junger, unglaublich biegsamer Mann" (40, 18), ist der Sohn des „größte[n] Bauunternehmer[s] von New York" (94, 12 – 94, 13) und muss daher keiner regelmäßigen Arbeit nachgehen. Er ist mit Klara Pollunder verlobt – ein Diener nennt ihn einmal den „Bräutigam des Fräuleins" (65, 15) – und wohnt mit ihr zusammen im Haus ihres Vaters oder hält sich dort zumindest zeitweilig auf. Am Kauf und der Einrichtung des riesigen Gebäudes

1. Personalien, sozialer Status und äußeres Erscheinungsbild

---

[1] Der Name wird im Roman manchmal „Mack", an anderen Stellen „Mak" geschrieben. Hier soll durchgehend die häufigere Variante „Mack" verwendet werden.

hat er offenbar einen großen Anteil, nähere Hintergründe werden im Roman aber nicht genannt.

Da ihm alles sprichwörtlich in die Wiege gelegt worden ist, scheint Mack keine wirklichen Ideale zu haben. Ganz den persönlichen Vorlieben und Launen folgend, lebt er ohne große Pläne und Ziele vor sich hin; der Erzähler betont, „daß ein gewöhnlicher Mensch auch nur einen beliebigen Tag im Leben dieses jungen Mannes nicht ohne Schmerz verfolgen konnte" (40, 22 – 40, 24). Dabei macht Mack – zumindest auf den ersten Blick – einen durchaus zufriedenen, wenn nicht glücklichen Eindruck, lächelt meist und tritt selbstsicher auf. Offenbar ist er auch vielseitig talentiert: Er reitet fantastisch und hat handwerkliches Geschick, alles scheint ihm spielerisch zu gelingen. So ist es kein Wunder, dass er charismatisch auf seine Umwelt wirkt und häufig im Mittelpunkt steht. In der Reithalle zieht er die Aufmerksamkeit aller auf sich und auch bei Frauen hat er vermutlich Erfolg: Seine Verlobte Klara zumindest hat „nur noch Augen für Mack" (76, 34), als sie zu ihm ins Zimmer tritt.

Dass sich hinter der strahlenden Fassade noch eine ganz andere Seite verbirgt, offenbart sich in seinem Umgang mit Karl. In dem kaum verhohlenen Spott gegenüber dem Jungen spiegelt sich womöglich die Geringschätzung wider, mit der Mack insgeheim auf sich selbst schaut. Die Oberflächlichkeit, ja Sinnlosigkeit seines Lebens scheint er nur mit Überheblichkeit und Sarkasmus zu ertragen.

Besonders deutlich wird seine Arroganz in der Unterhaltung mit Karl am Ende des 3. Kapitels, die in direkter Rede wiedergegeben ist (vgl. 77, 1 – 77, 18). Hier zeigt sich, dass Mack auch meisterlich mit Sprache umgehen kann, allerdings in subtil boshafter Weise. So lobt er zwar scheinbar Karls Klavierspiel, erwähnt aber noch im gleichen Satz dessen „Reitkunst" (77, 2) und signalisiert somit, dass das Kompliment ironisch gemeint war. Was er vom Gehörten in Wirklichkeit hält, sagt er kurz darauf ohne jegliche

Marginalien (rechte Spalte):

2. Wesentliche Charaktereigenschaften und Verhaltensweisen:

„Lebenskünstler" ohne Ideale und Ziele

Wirkt zufrieden und glücklich

Selbstsicher

Sportlich und technisch geschickt
Charismatisch

Erfolgreich bei Frauen

Spöttisch

Geringschätzig

Überheblich und sarkastisch

3. Sprachgebrauch und Sprachverhalten: Arrogant
Meisterlicher Umgang mit Sprache
Subtil boshaft

Ironisch

Rücksicht auf Karls Gefühle: „Es ist ja reichlich anfängerhaft und selbst in diesen Liedern, die Sie doch eingeübt hatten und die sehr primitiv gesetzt sind, haben Sie einige Fehler gemacht" (77, 9 – 77, 11). Diese vermeintlich ehrliche und offene Kritik scheint vor allem verletzen zu wollen. Und auch Macks nachgeschobene Betonung, die Leistung eines Menschen niemals zu verachten, wirkt eher gönnerhaft als versöhnlich. Offenbar muss er andere abwerten, um sich der eigenen Bedeutung sicher zu sein.

An der Figur Mack zeigt sich, wie sehr der Charakter eines Menschen von seiner sozialen Herkunft geprägt ist. Hätte er keine vermögenden Eltern, die ihm seinen unbeschwerten, aber ziellosen Alltag finanzierten, wäre er womöglich – trotz oder wegen ständig neuer Herausforderungen – glücklicher. So aber hat er sich gleichsam hinter einer Mauer der Bequemlichkeit eingerichtet und muss sich der Wirklichkeit nicht stellen. Damit ist er in einer völlig anderen Situation als Karl Roßmann, der nur kurz die Vorzüge einer reichen Verwandtschaft kennenlernt und bald wieder um seine Existenz kämpfen muss – das Leben aber viel intensiver erfährt.

Marginalien:
Rücksichtslos
Verletzend
Gönnerhaft
Abwertend
4. Zusammenfassung/Fazit

Herr Green

Green lebt als alter Junggeselle in New York, umgeben nur von seiner Dienerschaft. Er steht in geschäftlicher Verbindung zu Herrn Pollunder und Karls Onkel, der ihn in seinem Brief „meinen besten Freund" (78, 36 – 78, 37) nennt. Passend zu seinem sozialen Status, der mit Reichtum und Macht verbunden ist, hat Green einen riesigen, dicken Körper und wirkt auf andere einschüchternd. Seine gesamte Erscheinung – „den Kopf trug er aufrecht und schaukelnd" (72, 10 – 72, 11) – strahlt Dominanz und Überlegenheit aus. Welchen Geschäften er genau nachgeht, bleibt im Roman offen, aber manches deutet darauf hin, dass er in dubiose,

Marginalien:
1. Personalien, sozialer Status und äußeres Erscheinungsbild

vielleicht illegale Machenschaften verstrickt ist. So scheint er einen schlechten Einfluss auf Pollunder zu haben, und als die zwei Männer einmal eng zusammensitzen, „hätte man", so betont der Erzähler, „ganz gut annehmen können, es werde hier etwas Verbrecherisches besprochen" (56, 16). In seinem ganzen Auftreten gibt sich Green laut, egozentrisch und rücksichtslos. Am Abendtisch schlingt er das Essen gierig in sich hinein, behandelt Karl wie ein Kind und berührt Klara „mit deutlicher Absicht" (54, 8 – 54, 9) vor den Augen ihres Vaters, der sich gedemütigt abwenden muss. Überhaupt verhält sich Green so, als sei er nicht Gast, sondern Herr in Pollunders Haus. Wie selbstverständlich schließt er die Tür zum Garten, beendet die gemeinsame Mahlzeit und verbreitet den Rauch seiner Zigarre im gesamten Raum. Offensichtlich ist er ein ungehobelter Kerl ohne Manieren. Dass er auch verschlagen und gemein ist, zeigt sich im weiteren Handlungsverlauf, als er Karl den Brief des Onkels absichtlich zu spät überreicht. Er scheint weder Anstand noch Moral zu kennen, sondern im Gegenteil sadistische „Freude" (81, 11) daran zu haben, andere zu besiegen und ins Verderben zu stoßen.

Was er von seinen Mitmenschen hält, zeigt Green auch in der Art, wie er mit ihnen spricht. Ihm geht es nicht um einen Umgang in gegenseitigem Respekt, sondern um Kontrolle und Unterwerfung. Beim Abendessen dominiert er die Unterhaltung so aggressiv, dass sich die anderen nicht wohlfühlen, ja Angst vor ihm haben. Und einem altersschwachen Diener Pollunders gibt er einen so barschen Befehl – „Führen Sie diesen jungen Mann zu Fräulein Klara" (73, 8 – 73, 9) –, als sei dieser sein Eigentum. Greens bösartiger Charakter offenbart sich aber insbesondere in seinem (Sprach-)Verhalten gegenüber Karl. Ist er anfangs noch zeitweise höflich und versichert dem Jungen beispielsweise, dessen Gegenwart zu genießen, so ist er später kurz angebunden, ignoriert ihn ganz oder macht sich mit der Müt-

2. Wesentliche Charaktereigenschaften und Verhaltensweisen:

Laut, egozentrisch und rücksichtslos

Ohne Manieren

Verschlagen und gemein

Ohne Anstand und Moral
Sadistisch

3. Sprachgebrauch und Sprachverhalten: Respektlos, dominant

Aggressiv

Barsch befehlend

Kurz angebunden

ze einen Scherz auf seine Kosten. Am Ende schließlich, als Green keine Rücksicht mehr auf verwandtschaftliche Verhältnisse nehmen muss, behandelt er Karl ohne jegliche Achtung. „Kein Wort weiter!" (81, 14), herrscht er ihn an und schiebt ihn wie ein Stück Abfall nach draußen.

Keine Achtung zeigend

4. Zusammenfassung/Fazit

Green hat einen durch und durch unangenehmen Charakter, auch bei wohlwollender Betrachtung findet man keine positive Seite an ihm. Seine Erscheinung, sein Auftreten und Benehmen, sein Umgang mit anderen: Alles stößt zutiefst ab. Umso ernüchternder ist es, dass er damit offenbar Erfolg hat und zu Reichtum und Macht gelangt ist. Durch ihn muss auch der Protagonist die Erfahrung machen, dass es in der Gesellschaft oft ungerecht zugeht und das eigene korrekte Verhalten nichts zählt. Darüber hinaus markiert Green, der den Abschiedsbrief des Onkels überreicht und damit zum Überbringer des Unheils wird, auch das Ende von Karls behüteter Zeit in New York und seinen Aufbruch in eine unsichere Zukunft.

Herr Pollunder

1. Personalien, sozialer Status und äußeres Erscheinungsbild

Pollunder arbeitet als Bankier in New York und ist ein enger Geschäftsfreund von Karls Onkel. Seinem Reichtum entsprechend, besitzt er ein riesiges Landhaus außerhalb der Stadt, in dem er mit seiner Tochter Klara wohnt (eine Ehefrau wird an keiner Stelle erwähnt). Er ist groß und dick, wobei der Erzähler betont, dass „es keine gesunde Dicke war, der Bauch sah weich und unhaltbar aus, eine wahre Last" (72, 4 – 72, 6). In seinem ganzen Auftreten wirkt Pollunder trotz seiner Geselligkeit bedrückt, auch „das Gesicht erschien bleich und geplagt" (72, 6 – 72, 7). Sein unterwürfiges Verhalten gegenüber Herrn Green legt nahe, dass dieser der Grund für die Sorgen ist – womöglich verbinden die beiden Männer dubiose Geschäfte.

Anfangs zeigt Pollunder nur gute Charakterzüge und wirkt auf den Leser vermutlich genauso sympathisch wie auf Karl. Schon bei ihrer ersten Begegnung ist er freundlich und aufgeschlossen gegenüber dem Jungen, unterhält sich angeregt mit ihm und lädt ihn sogar zu sich nach Hause ein. Als es dann zu Unstimmigkeiten mit dem Onkel kommt, zeigt er große Geduld und Umsicht, um den Besuch zu ermöglichen. Und im Auto schließlich verhält er sich so fürsorglich und liebevoll – „[s]ie saßen eng beieinander und Herr Pollunder hielt Karls Hand in der seinen" (47, 20 – 47, 21) –, dass man fast meinen könnte, der Protagonist habe in ihm einen väterlichen Freund gefunden, der ihn von nun an beschützen würde.

Dies aber erweist sich in der weiteren Handlung als Irrtum. Schon beim gemeinsamen Abendessen wird deutlich, welch „schwachen Charakter" (54, 32) Pollunder hat. Er schreitet nicht ein, als Green seine Tochter „mit deutlicher Absicht" (54, 8 – 54, 9) berührt, und unterwirft sich auch sonst dem rücksichtslosen Geschäftsmann. Aus rätselhaften Gründen scheint er diesem so ausgeliefert zu sein, dass er sich in seinem eigenen Haus von ihm dominieren, ja demütigen lässt. Auch Karl steht er nicht wirklich zur Seite. Zunächst versucht er zwar, Greens Meinung und Pläne hinsichtlich des Jungen zu ändern, erkennt aber bald seine Ohnmacht und schweigt. In einer Situation, in der seine Hilfe existenziell nötig wäre, zeigt er sich mithin feige und illoyal. Seine Angst vor Green ist offenbar so groß, dass er Karl trotz aller Zuneigung ins Unglück laufen lässt.

Die Doppelbödigkeit seines Wesens spiegelt sich auch in seinem Sprachverhalten wider. Solange Pollunder nichts zu befürchten hat, unterhält er sich, seinem leutseligen Charakter gemäß, gerne mit anderen und ist ihnen freundlich zugewandt. Dabei drückt er sich höflich und elegant aus, wie es in seinem Milieu üblich ist. „Übereilen Sie sich nicht. […]", sagt er einmal zu Karl. „Sie machen mir nicht

Marginalien:

2. Wesentliche Charaktereigenschaften und Verhaltensweisen:

Freundlich und aufgeschlossen

Geduldig und umsichtig

Fürsorglich und liebevoll

Schwach

Unterwirft sich anderen

Lässt sich dominieren und demütigen

Feige und illoyal

3. Sprachgebrauch und Sprachverhalten:
Leutselig
Freundlich zugewandt
Höfliche und elegante Ausdrucksweise

Signalisiert
Wohlwollen durch
Körperkontakt
und Berührungen

Passiv und stumm
bei Unsicherheit

4. Zusammen-
fassung/Fazit

die geringsten Unannehmlichkeiten, dagegen macht mir Ihr Besuch eine reine Freude." (46, 4 – 46, 7) Sein Wohlwollen signalisiert er immer wieder auch durch Körperkontakt und Berührungen, indem er beispielsweise Karls Hand hält, seinen Arm um den Jungen legt oder ihn nahe an sich heranzieht. Wie wenig Verlass auf ihn trotz allem ist, wird jedoch deutlich, sobald er sich nicht mehr sicher fühlt. In solchen Momenten, etwa in der Gegenwart Greens, wird Pollunders Gutherzigkeit von Schwäche und Feigheit verdeckt: Er wird passiv, zieht sich zurück und verstummt.

Pollunder gehört zu den Romanfiguren, die Karl gegenüber zwar wohlgesinnt sind, aber letztlich nichts für ihn ausrichten können. An seinem Verhalten wird die Macht gesellschaftlicher Strukturen spürbar. Denn obwohl Pollunder grundsätzlich freundlich und gutmütig ist, lässt er den Jungen im Stich, um sich selbst vor Green und dessen Einfluss zu schützen. So muss der Protagonist bei seiner Begegnung mit dieser Figur die Erfahrung machen, dass einem Erwachsenen niemals ganz zu vertrauen ist – so herzlich und hilfsbereit dieser sich anfangs auch gibt.

Klara Pollunder

1. Personalien,
sozialer Status
und äußeres
Erscheinungsbild

Klara Pollunder lebt mit ihrem Vater in einem Landhaus bei New York und ist Macks Verlobte, gehört also der Oberschicht an. Ob sie neben der „Führung des Hauswesens" (53, 18) noch einen richtigen Beruf ausübt, bleibt im Roman offen. Die junge Frau scheint recht attraktiv zu sein, zumindest Karl ist „überrascht von der Schönheit, deren ihr Gesicht fähig war, und besonders von dem Glanz ihrer unbändig bewegten Augen" (55, 3 – 55, 5). Sie hat „rote[] Lippen" (50, 35) und einen schlanken, „vom Sport gestählten Körper" (58, 5 – 58, 6), offenbar beherrscht sie die Kampftechnik „Jiu-Jitsu" (59, 4).

Zunächst hat es den Anschein, als sei Klara eine wohlerzogene junge Dame, die ihrer Rolle als Tochter des Gastgebers perfekt gerecht wird. Sie empfängt Karl bei seiner Ankunft im Landhaus, führt Konversation am Tisch und fordert ihn freundlich auf, beim Essen zuzulangen. Dabei ist sie von Beginn an offen und selbstbewusst. Sie versteckt sich nicht hinter Smalltalk und Höflichkeitsfloskeln, sondern äußert auch eigene Meinungen und Wünsche, etwa dass ihr Karl später auf dem Klavier vorspielen möge. In diesem unverkrampften, direkten Auftreten, das in der damaligen Zeit für eine Frau sicherlich nicht üblich war, erweist sich Klara als modern und unabhängig.

Wie weit diese Unabhängigkeit reicht, zeigt sich, als Klara mit Karl allein ist. Nun nicht mehr unter den Augen ihres Vaters und Herrn Greens, gewissermaßen der gesellschaftlichen Kontrolle entzogen, gibt sie sich keineswegs mehr als die brave Tochter, sondern ist frech, fordernd und egoistisch. „[U]ngeduldig und fast schreiend" (57, 14) versucht sie, Karl davon abzuhalten, sein Zimmer für die Nacht zu betreten. Und als er sich ihrem Willen nicht beugt, wird sie „[s]ichtlich bös" (57, 31) und stößt ihn fast aus dem Fenster. Spätestens wenn sie ihn mit ihren Armen umklammert und eine Art Ringkampf beginnt, ist ihre einstige Rolle vergessen. Fern aller Konventionen, zwingt sie Karl gewaltsam auf ein Sofa, würgt ihn und droht ihm Ohrfeigen an. Ihr Flüstern, Seufzen, lautes Atmen und „das erhitzte Gesicht" (58, 12) deuten darauf hin, dass dieses Gerangel auch – wenn nicht vor allem – sexuell motiviert ist. Klara hat offenbar auch in dieser Hinsicht eine sehr offene, freizügige Einstellung. Und erst der Gedanke an ihren Verlobten scheint ihre erwachte Lust wieder zu zügeln: „Bei der Erinnerung an Mack ließ sie Karl los" (59, 25 – 59, 26).

Marginalien:

2. Wesentliche Charaktereigenschaften und Verhaltensweisen:
Scheinbar gut erzogen
Freundlich
Offen und selbstbewusst

Unverkrampftes, direktes Auftreten

Modern und unabhängig

Frech, fordernd und egoistisch

Ungeduldig

Übergriffig

Gewalttätig

Offene, freizügige Einstellung gegenüber Sexualität

3. Sprachgebrauch und Sprachverhalten:

Direkt und selbstbewusst

Stellt durch Bitten und Wünsche Nähe her

Übertritt der Höflichkeitsgrenzen

Auch in ihrem Sprachverhalten zeigt sich Klara direkt und selbstbewusst. Sie begrüßt Karl und betont ihre „Freude, ihn hierzuhaben" (49, 17), belässt es aber nicht bei bloßen Höflichkeiten, sondern stellt durch Bitten und vertrauliche Wünsche sogleich Nähe zu ihm her. Als die beiden schließlich unter sich sind, übertritt sie die gebotenen Grenzen nicht nur durch ihre Handlungen, sondern auch sprachlich. „Was soll denn das?" (57, 32), herrscht sie Karl an, als er ihr nicht folgen will, und vergisst damit ihre gute Erziehung.

Wechsel in die ungezwungene „Du"-Form

Wenig später markiert sie den Übergang von der formellen Welt gesellschaftlicher Regeln und Rituale in die informelle, ungezwungenere Welt auch durch den Wechsel von der Höflichkeitsform „Sie" zur persönlichen Anrede: „Jetzt rühr Dich wenn Du kannst", sagt sie zu dem niedergerungenen Karl und demütigt ihn dann durch weitere Sätze, deren

Sadistisch-sexueller Unterton

sadistisch-sexueller Unterton kaum zu überhören ist: „[E]s verlockt mich geradezu riesig Dich zu ohrfeigen so wie Du jetzt daliegst. […] Und ich werde mich dann natürlich nicht mit einer Ohrfeige begnügen, sondern rechts und links schlagen, bis Dir die Backen anschwellen." (59, 5 – 59, 11)

4. Zusammenfassung/Fazit

In seiner Begegnung mit Klara erfährt der Protagonist am eigenen Leib, wie schnell und radikal sich das Verhalten eines Menschen ändern kann, sobald sich dieser nicht mehr an soziale Normen gebunden fühlt. Zeigt sich die junge Frau anfangs noch höflich und respektvoll gegenüber Karl, verliert sie bald alle Hemmungen, wird körperlich und verbal übergriffig und demütigt ihn. In ihrer unterschwelligen Sexualität erinnert die Kampfszene zwischen den beiden außerdem an Karls Verführung in der Heimat: War er damals dem Dienstmädchen hilflos ausgeliefert, so überwältigt ihn nun Klara Pollunder. Und wieder gelingt es Karl nicht, sich als erwachsener Mann zu behaupten, sondern er bleibt in der Rolle des Kindes.

Delamarche

Der Franzose Delamarche, ein junger „dunkelhäutiger Mann" (85, 15), war in seiner Vergangenheit als „Maschinenschlosser" (87, 22) beschäftigt, ist aber zum Zeitpunkt, als ihn Karl kennenlernt, arbeitslos und mit seinem Kameraden Robinson auf der Suche nach einem neuen Job. Dementsprechend „heruntergekommen" (87, 24 – 87, 25) ist er in dieser Situation: Sein Gesicht mit „tiefliegenden Augen" (85, 1) ist vor Hunger hager geworden, er hat einen ungepflegten Bart und „lange nicht geschnittenes Haar" (84, 36 – 84, 37). Später jedoch, als er der Geliebte der Sängerin Brunelda geworden ist und mit ihr und Robinson in einer gemeinsamen Vorstadtwohnung lebt, macht Delamarche einen ganz anderen, geradezu schillernden Eindruck. So trägt er bei der erneuten Begegnung mit Karl einen „violette[n] Schlafrock" (175, 20 – 175, 21), „färbige Unterkleidung" (175, 13) und „eine mächtige dunkle Kravatte aus schwerer Seide" (175, 22 – 175, 23). Die neue Stellung hat offenbar auch sein Selbstwertgefühl gestärkt: „Sein dunkles, glatt rasiertes, peinlich reines, von roh ausgearbeiteten Muskeln gebildetes Gesicht sah stolz und respekteinflößend aus." (175, 17 – 175, 19)

Schon dieser Aufstieg vom mittellosen Herumtreiber zum Geliebten einer – zumindest anfangs – recht vermögenden Frau deutet auf zentrale Charaktereigenschaften Delamarches hin. Er ist selbstbewusst und nutzt die Chancen, die sich ihm bieten, konsequent aus. An erster Stelle steht für ihn immer der eigene Vorteil. In seiner Egozentrik schreckt er auch nicht davor zurück, andere Menschen gegen ihren Willen zu gebrauchen, mithin zu funktionalisieren. Wiederholt zeigt er dabei charismatische Führungsstärke, aber auch große Gerissenheit und Skrupellosigkeit. So demütigt er seinen einstigen Kameraden Robinson, indem er ihn zu seinem und Bruneldas Diener macht. Und auch gegenüber

Randnotizen:

1. Personalien, sozialer Status und äußeres Erscheinungsbild

2. Wesentliche Charaktereigenschaften und Verhaltensweisen:

Selbstbewusst

Egozentrisch

Nutzt andere zu seinem Vorteil aus

Charismatische Führungsstärke

Gerissen und skrupellos

Karl zeigt er keinerlei Achtung, sondern verkauft dessen Anzug zu seinem eigenen Gewinn, bricht später dessen Koffer auf und sorgt schließlich durch einen hinterhältigen Plan dafür, dass der Junge seinen Job im Hotel verliert und ebenfalls in seine Dienste tritt. Delamarches Schamlosigkeit äußert sich allerdings nicht nur in solch unmoralischem Verhalten, sondern auch in seinen körperlichen Übergriffen. Frauen gegenüber, etwa der Zimmerfrau in der Pension oder der Kellnerin im Wirtshaus, handelt er respektlos und vulgär: Er begrapscht sie ungefragt und glaubt auch noch, mit diesen „Zudringlichkeiten" (95, 31) Eindruck auf sie zu machen. Und geht es einmal nicht nach seinem Willen, neigt er schnell zu Gewalt: Den Pensionswirt droht er „niederzuboxen" (89, 1), Robinson gibt er eine heftige „Ohrfeige" (193, 35) und schlägt ihn sogar „mit der Peitsche einige Male ins Gesicht" (190, 37 – 191, 1), und auch Karl verabreicht er einmal „Faustschläge" (214, 30), bevor er ihn „gewaltig gegen einen [...] Schrank" (215, 17 – 215, 18) schleudert. Keine Frage: In seinem rasenden Zorn ist Delamarche zu allem fähig.

Seine Wesenszüge spiegeln sich auch in seinem Sprachgebrauch und Sprachverhalten wider. Schon im ersten Satz, den er an Karl richtet, zeigt er sich selbstbewusst und bestimmend: „Der da heißt Robinson und ist Irländer, ich heiße Delamarche, bin Franzose und bitte jetzt um Ruhe." (85, 17 – 85, 18) Auch in der weiteren Handlung stellt er Sachverhalte immer wieder in kurzen, prägnanten Sätzen dar, erteilt klare Befehle und signalisiert auch durch seine drohende Gestik, dass er sich als Anführer sieht und keine Widerrede duldet. Wenn er bei einem Unrecht ertappt worden ist, entschuldigt er sich nicht etwa, sondern versucht, die Situation durch sprachliches Geschick und viel Polemik so umzudeuten, dass er nicht Täter, sondern Opfer ist. So erklärt er beispielsweise, als Karl wegen des Vertrauensbruchs der Kameraden gehen will: „Aber weil er ein fal-

Keine Achtung gegenüber anderen

Schamlos und unmoralisch

Körperliche Übergriffe

Respektlos und vulgär gegenüber Frauen

Gewalttätig

3. Sprachgebrauch und Sprachverhalten: Selbstbewusst und bestimmend

Kurze, prägnante Sätze und klare Befehle
Drohende Gestik, duldet keine Widerrede
Entschuldigt sich nicht, sondern deutet Sachverhalte polemisch um

scher Deutscher ist, tut er dies nicht offen, sondern sucht sich den Vorwand mit dem Koffer und weil er ein grober Deutscher ist, kann er nicht weggehn, ohne uns in unserer Ehre zu beleidigen und uns Diebe zu nennen, weil wir mit seinem Koffer einen kleinen Scherz gemacht haben." (103, 36 – 104, 4) Und auch Delamarches Nähe zur Gewalt zeigt sich in seiner Sprache, die ebenfalls aggressiv und grob wird, sobald er sich aufregt. „Also nur immer Achtung aufs Maul!" (105, 2 – 105, 3), sagt er einmal zu Karl, bevor er beinahe eine Prügelei mit ihm beginnt.

Aggressiv und grob

Delamarches Beispiel demonstriert, dass es sich in der modernen Gesellschaft durch Egoismus, Skrupellosigkeit und Gerissenheit auf Kosten anderer gut leben lässt. Der Franzose gehört zu den zahlreichen Figuren in Kafkas Roman, die eine aggressive, selbstbezogene Männlichkeit ausstrahlen und damit einen klaren Kontrast zum sensiblen, aber auch unreifen Protagonisten bilden. In den Episoden mit ihm wird besonders deutlich, wie naiv und weltfremd Karl ist, erkennt dieser doch lange Zeit nicht, dass ihn Delamarche ohne jeden Respekt behandelt und schamlos ausnutzt.

4. Zusammenfassung/Fazit

Robinson

Robinson ist ein junger Mann aus Irland. Als ihm Karl das erste Mal begegnet, ist er als arbeitsloser Maschinenschlosser mit Delamarche schon lange auf der Suche nach einem Job und macht einen dementsprechend „heruntergekommen[en]" (87, 24 – 87, 25) Eindruck. Wie sein Kamerad hat auch er ein knochiges Gesicht, einen ungepflegten Bart und lange Haare, unter seiner Jacke trägt er „kein Hemd" (87, 26). Sowohl sein Aussehen als auch sein Auftreten lassen keinen Zweifel daran, dass ihm als Angehörigem der Arbeiterschicht feine Manieren und guter Geschmack fremd sind. Das ändert sich auch nicht, als er später als Die-

1. Personalien, sozialer Status und äußeres Erscheinungsbild

ner für Delamarche und die Sängerin Brunelda eingestellt ist und mit ihnen in einer Vorstadtwohnung lebt. So trägt er nun zwar eine „Kleidung [...], die vielleicht aus genug feinen Stücken bestand, aber so zusammengewürfelt war, daß sie geradezu schäbig aussah" (134, 7 – 134, 9). Robinsons einfache Herkunft bleibt trotz aller äußerlichen Veränderungen bis zum Ende der Handlung offensichtlich.

2. Wesentliche Charaktereigenschaften und Verhaltensweisen: Wirkt asozial und aggressiv

Zunächst hat der Leser den Eindruck, dass Robinson einen überaus asozialen und aggressiven Charakter hat. In der Pension schläft er angezogen und mit Stiefeln im Bett, begrapscht wie Delamarche die Zimmerfrau und wirft zum Abschied die Kaffeekanne absichtlich „auf die steinernen Fließen hin" (89, 11 – 89, 12); kurz darauf bestiehlt er Karl sogar aus dessen Koffer. Im Laufe der Handlung wird aber deutlich, dass Robinson einen guten Kern hat und

Wohlwollend

wohlwollend gegenüber anderen ist. So „lächelte [er] im Schlaf ganz freundlich" (85, 33 – 85, 34), auf dem Marsch nach Ramses singt er ein Lied und sorgt damit für gute Stimmung zwischen den drei Wanderern, und später auf

Freundlich und offenherzig

dem Balkon von Bruneldas Wohnung unterhält er sich mit Karl auf gleicher Augenhöhe und bietet ihm von seinem Essen an. Neben diesen positiven Eigenschaften ist er aber

Feige und faul

auch feige und faul. Anstatt als Erwachsener Verantwortung zu übernehmen, unterwirft er sich lieber Delamarche. Er fügt sich dessen Entscheidungen, pflichtet ihm

Übernimmt keine Verantwortung, unterwirft sich anderen

blindlings bei und scheint auch dessen Manieren angenommen zu haben. Schließlich wird er sogar der Diener seines einstigen Kameraden und ist dessen Launen und

Lässt sich demütigen

Aggressionen damit hilflos ausgeliefert. Jede Demütigung nimmt er in Kauf, um nur nicht auf eigenen Beinen stehen zu müssen. Die Reste seines Stolzes und aufkommende

Trinkt aus Frust

Frustrationen versucht er, im Alkohol zu ertränken. Doch

Weinerliches Selbstmitleid Unglücklich

das weinerliche Selbstmitleid, das ihn gerade im betrunkenen Zustand überkommt, lässt erahnen, wie unglücklich er mit seinem Leben ist.

Es ist bezeichnend, dass Robinson in der Gegenwart Delamarches kaum etwas sagt. Auch hier überlässt er dem Kameraden die Führung. Umso gesprächiger wird er jedoch, wenn Delamarche nicht da ist. So unterhält sich Robinson mit Karl im Hotel vor den Aufzügen ganz frei und offen, wobei ihm der Branntwein die Zunge lockert. Später auf dem Balkon ist er noch redseliger, geradezu geschwätzig, was man als Zeichen seiner Einsamkeit werten kann. Lange und ausführlich erzählt er hier von der Sängerin Brunelda und seinem Aufenthalt bei ihr. Dabei beweist er durchaus Talent und beschreibt die erlebten Situationen lebendig und anschaulich. Manchmal aber, wenn er beispielsweise Gespräche in direkter Rede wiedergibt, wirken seine Berichte kindlich unbeholfen. Seine Einstellung in Bruneldas Dienste beschreibt er beispielsweise folgendermaßen: „Nur gleich nach dem Abschied der Diener hat Delamarche zur Brunelda gesagt: ‚Jetzt hast Du also keine Dienerschaft?' Sie hat gesagt: ‚Aber da ist ja Robinson.' Daraufhin hat Delamarche gesagt und hat mir dabei einen Schlag auf die Achsel gegeben: ‚Also gut, Du wirst unser Diener sein.'" (197, 33 – 198, 1) Wie unreif Robinson noch ist, wird auch deutlich, wenn er voller Selbstmitleid über sich spricht und dabei zu maßlosen Übertreibungen und Dramatisierungen neigt. So meint er in der Liftszene, vor Übelkeit „sterben" (137, 29) zu müssen, und droht schließlich gar mit Selbstmord: „,Ich kann nicht weggehn', sagte Robinson, ‚lieber spring ich da hinunter', und er zeigte zwischen den Geländerstangen in den Lichtschacht." (137, 36) An Robinsons Schicksal zeigt sich, wird stark der Charakter und das Verhalten eines Menschen durch die äußeren Umstände geprägt werden. Obwohl er eigentlich ein gutes Herz hat, haben ihn Elend und Armut, aber auch eigene Faulheit und Feigheit auf Abwege geführt und zu einer einsamen, hoffnungslosen Gestalt gemacht. Für den Protagonisten Karl Roßmann stellt er somit eine eindringliche War-

Randbemerkungen:

3. Sprachgebrauch und Sprachverhalten: Schweigt in der Gegenwart Stärkerer

Frei und offen, wenn er sich sicher fühlt

Redselig, geschwätzig

Erzählt lebendig und anschaulich

Direkte Rede

Manchmal kindlich unbeholfen

Maßlose Übertreibungen und Dramatisierungen

4. Zusammenfassung/Fazit

nung und Mahnung dar, wie schnell man im gesellschaftlichen Abseits landet, wenn man nicht mit Disziplin und Fleiß an seinem Weiterkommen arbeitet und Verantwortung für sich übernimmt.

Grete Mitzelbach

1. Personalien, sozialer Status und äußeres Erscheinungsbild

Grete Mitzelbach ist 50 Jahre alt und arbeitet als Oberköchin im Hotel occidental. „Sie war sehr dick, ihr Leib schaukelte sich, aber ihr Gesicht hatte eine, natürlich im Verhältnis, fast zarte Bildung." (100, 8 – 100, 9) Aus Wien stammend, war sie als junge Frau ein halbes Jahr in einem Restaurant in Prag angestellt, lebt aber mittlerweile seit etwa 30 Jahren in Amerika. Aufgrund ihrer Position wird sie im Hotel geachtet und hat einen gewissen Einfluss. Dass sie sogar über die Besetzung der Liftjungenstellen mitentscheiden kann, liegt vermutlich an ihrer heimlichen Beziehung zum Oberkellner Isbary.

2. Wesentliche Charaktereigenschaften und Verhaltensweisen:

Gutmütig, freundlich, respektvoll

Herzlich und zuvorkommend

Von Natur aus gutmütig, ist Grete Mitzelbach stets um das Wohl anderer bemüht. So hat sie Therese Berchtold, die unter der anstrengenden Küchenarbeit gelitten hatte, zu ihrer Sekretärin gemacht und behandelt sie freundlich und respektvoll. Auch gegenüber Karl ist sie herzlich und zuvorkommend. Wie eine besorgte Mutter füllt sie ihm anfangs einen Korb mit Essen und bietet ihm ein Bett im Hotel an, damit er nicht im Freien übernachten muss. Kurz darauf überlässt sie ihm sogar ein Zimmer ihrer Wohnung, verhilft ihm zu einem Job und setzt sich später im Verhör für ihn ein.

Nervös

Bedrängend

Doch so selbstlos und ausgeglichen, wie es zunächst scheint, ist Grete Mitzelbach keineswegs. Schon ihre Nervosität, die sich unter anderem in ihrer „Schlaflosigkeit" (113, 5) äußert, lässt erahnen, dass sich hinter der demonstrierten Güte auch Wesenszüge verbergen, die ihr womöglich selbst nicht bewusst sind. Gleich zu Beginn drängt sie

Karl mit der Anrede „Kleiner" (99, 35) in die Rolle des Kindes und reagiert empfindlich, als er ihre Hilfe nicht annehmen will. Als Gegenleistung für ihre Unterstützung scheint sie von ihm zu erwarten, sich ihrem Willen unterzuordnen, und offenbart dadurch große Egozentrik. Und auch die Leichtigkeit, mit der sie sich am Ende von Karls Schuld überzeugen lässt, deutet eher auf Oberflächlichkeit, ja Gleichgültigkeit hin als auf wirkliche Empathie.

In ihrem Sprachverhalten ist sie zugewandt und offen. Auch Karl gegenüber signalisiert sie durch etliche Fragen Anteilnahme und Interesse, wirkt dabei aber oft neugierig, zuweilen gar übergriffig. „Was ist es denn für eine Photographie, wenn man fragen darf?" (11, 25 – 11, 26), erkundigt sie sich einmal, als es um das verlorene Bild seiner Eltern geht, und beweist damit wenig Taktgefühl. Eher resolut und pragmatisch als zurückhaltend und sensibel ist sie auch in anderer Hinsicht. Ihre häufig kurzen, prägnanten Sätze und Anweisungen zeigen, dass sie es als Oberköchin gewohnt ist, die Führung zu übernehmen und andere zu kommandieren. Selbst noch der Abschiedsgruß „Auf Wiedersehen morgen!" (102, 18), den sie Karl nach ihrer ersten Begegnung hinterherruft, klingt aus ihrem Mund wie ein Befehl. In anderen Situationen neigt sie zu vorschnellen Urteilen und Engstirnigkeit. So erklärt sie am Ende des Verhörs geradezu apodiktisch, also keinen Widerspruch duldend: „Nein Karl nein, nein! Das wollen wir uns nicht einreden. Gerechte Dinge haben auch ein besonderes Aussehn und das hat, ich muß es gestehn, Deine Sache nicht. [...]" (158, 4 – 158, 9). Wirklicher Verlass ist auf sie – bei aller Gutmütigkeit und Hilfsbereitschaft – offenbar nicht.

Grete Mitzelbach scheint für den Protagonisten zunächst der perfekte Mutterersatz zu sein. Wie zuvor der Senator ist auch sie eine Elternfigur, die Karl eine neue Heimat und damit existenzielle Sicherheit bietet. Als Gegenleistung erwartet sie aber – mehr oder weniger subtil –, dass er sich in

---

Marginalien:

Empfindlich

Egozentrisch

Insgeheim oberflächlich und gleichgültig

3. Sprachgebrauch und Sprachverhalten: Zugewandt und offen

Neugierig, übergriffig

Wenig Taktgefühl, resolut und pragmatisch

Kurze, prägnante Sätze und Anweisungen

Übernimmt Führung und kommandiert andere

Vorschnelle Urteile und Engstirnigkeit

Apodiktisch

4. Zusammenfassung/Fazit

die Rolle des Kindes begibt und sich auf Kosten der eigenen Interessen ihren Vorstellungen unterwirft. So gehört auch die Oberköchin zu den zahlreichen Erwachsenen im Roman, die Karls Reifungsprozess mit Argwohn verfolgen und, ob bewusst oder unbewusst, aufzuhalten versuchen.

Therese Berchtold

1. Personalien, sozialer Status und äußeres Erscheinungsbild

Therese Berchtold ist 18 Jahre alt, wirkt aber jünger – sie selbst meint, „in der Entwicklung ein wenig zurückgeblieben" (115, 23 – 115, 24) zu sein. „Sie hatte ein rundes gleichmäßiges Gesicht, nur die Stirn war ungewöhnlich hoch, aber das konnte auch vielleicht nur an der Frisur liegen, die ihr nicht recht paßte." (114, 36 – 115, 1) Schon früh hat Therese beide Eltern verloren: Nachdem sie als etwa fünfjähriges Mädchen mit ihrer Mutter aus Pommern nach Amerika übergesiedelt war, ließ sie der vorausgereiste Vater im Stich und floh nach Kanada, kurz darauf stürzte sich die Mutter aus Verzweiflung vor ihren Augen in den Tod. Mittlerweile hat Therese im Hotel occidental eine neue Heimat gefunden. Zunächst in der Küche angestellt, ist sie inzwischen die Sekretärin der Oberköchin Grete Mitzelbach, in deren Wohnung sie auch ein kleines Zimmer hat. Obwohl sie stets gewissenhaft und fleißig ist, auf ein gepflegtes Äußeres achtet und von ihrer Vorgesetzten freundlich behandelt wird, fürchtet sie, ihre Aufgabe nicht gut zu erfüllen und eines Tages entlassen zu werden. Außer mit der Köchin hat Therese bis zu Karls Auftauchen mit niemandem im Hotel engeren Kontakt und ist daher oft einsam.

2. Wesentliche Charaktereigenschaften und Verhaltensweisen:

Traurig und unglücklich

Ihr ganzer Charakter scheint von der Katastrophe in ihrer Kindheit, dem Suizid der Mutter, geprägt zu sein. Offenbar konnte sich Therese niemals von diesem Trauma befreien. Beherrscht von furchtbaren Erinnerungen, ist sie meist traurig und unglücklich. Obwohl sie eine feste Anstellung hat, empfindet sie das Leben als permanente Bedrohung, jede geglaubte Sicherheit als illusionär und vergänglich. Wie ängstlich und verletzlich sie in der Welt steht, wird schon bei ihrer ersten Begegnung mit Karl deutlich. Schüchtern tritt sie in sein Zimmer, entschuldigt sich sogleich für die Störung und bittet ihn, sie nicht zu „verraten" (114, 27). Bei jeder noch so kleinen Handlung scheint sie zu fürchten, etwas falsch zu machen und in neues Unglück zu stürzen. Dementsprechend misstrauisch begegnet sie anderen, rechnet stets mit dem Schlimmsten. So freut sie sich zwar, Karl kennenzulernen, hat aber gleichzeitig Angst, ihren Posten an ihn zu verlieren. Erfüllt von Sorgen und Selbstzweifeln, wirkt sie in ihrem gesamten Auftreten gehemmt und passiv, auch während der Erledigungen in der Stadt ist sie „trotz ihrer geschäftlichen Erfahrung hilfsbedürftig genug" (124, 34 – 124, 35). Bei allem gefühlten Leid und Misstrauen hat sich Therese aber ein gutes Herz bewahrt, wie sich auch in ihrem Umgang mit Karl zeigt. Gleich zu Beginn ist sie freundlich zu ihm, leiht ihm später ein Lehrbuch und korrigiert seine Aufgaben. Und selbst noch am Ende, als er strafweise entlassen wird, steht sie ihm trotz aller Zweifel an seiner Unschuld zur Seite und verspricht ihm, sich um seinen Koffer zu kümmern – Freunde können auf ihre Loyalität zählen.

Thereses innere Verfassung spiegelt sich auch in ihrem Sprachgebrauch wider. Obwohl sie behauptet, „nicht wehleidig" (116, 12) zu sein, schildert sie doch meist Ängste und Sorgen, berichtet von einstigem Unglück oder klagt über ihre momentane Situation. Dabei zeigt sie sich Fremden gegenüber erstaunlich offen, geradezu naiv. Gleich in ihrer ersten Begegnung gesteht sie Karl, wie froh sie über sein Hierbleiben wäre, da sie „hier nämlich so allein" (115, 7) sei. Ihre Verzweiflung ist offenbar so stark, dass sie sich ihm in der Hoffnung auf Hilfe sofort anvertraut. Passend zu ihrem etwas unreifen Charakter verwendet sie überwiegend kurze, parataktische Sätze und einfache Wör-

Ängstlich und verletzlich

Schüchtern

Misstrauisch

Sorgen und Selbstzweifel

Gehemmt und passiv

Hilfsbedürftig

Gutes Herz

Freundlich

Hilfsbereit

Loyal

3. Sprachgebrauch und Sprachverhalten: Ängste und Sorgen Klagend

Offen, naiv

Kurze, parataktische Sätze und einfache Wörter

ter. Manchmal – etwa wenn sie sich vorstellt: „[I]ch heiße Therese Berchtold, ich bin aus Pommern" (115, 11) – wirkt

Kindlich

sie noch wie ein Kind. In anderen Momenten hingegen gibt

Entschlossen
und kämpferisch
für andere

sie sich entschlossen und kämpferisch. So tritt sie in der Verhörszene beherzt für Karl ein und stellt sich gegen begangenes Unrecht: „Herr Oberportier bitte lassen Sie doch sofort den Roßmann frei. Sie machen ihm ja Schmerzen." (151, 28 – 151, 30) In solchen Situationen, in denen es um das Wohl anderer geht, spricht sie ungewohnt bestimmt und selbstbewusst.

4. Zusammen-
fassung/Fazit

Therese Berchtold ist die Figur mit dem wohl schwersten Schicksal in Kafkas Roman. Ihr gesamtes Wesen und Auftreten zeigen, welch hemmenden Einfluss früh erlittenes Leid auf die Persönlichkeitsentwicklung eines Menschen haben kann. Der Verlust beider Eltern und ihre Verlorenheit in der Welt machen sie zu einer Art Spiegelfigur des Protagonisten. Außerdem gehört Therese zu den wenigen Frauen, die sich Karl gegenüber offen und ohne Hintergedanken nähern. Sie sehnt sich nach einer ehrlichen Freundschaft, der Wunsch nach Erotik spielt für sie allenfalls eine untergeordnete, weithin verdrängte Rolle. So repräsentiert sie – im Gegensatz zu Klara Pollunder und Brunelda – eine zarte, unschuldige Weiblichkeit, von der keine Bedrohung ausgeht.

Oberkellner Isbary

1. Personalien,
sozialer Status
und äußeres
Erscheinungsbild

Isbary ist ein „schlanke[r] schöne[r] Mann mit großer Nase, der wohl schon in den vierziger Jahren stehen konnte" (118, 28 – 118, 29). Er arbeitet als Oberkellner im Hotel occidental und ist auch für die Liftjungen verantwortlich. In seiner Jugend war er selbst einmal als solcher beschäftigt, und weil er „die Liftjungen zum ersten mal organisiert hatte" (142, 28), achtet er bei ihnen besonders streng auf die Einhaltung von Disziplin und Ordnung. Aufgrund seiner

Führungsposition tritt er selbstsicher und überlegen gegenüber anderen auf. Nur die Oberköchin Grete Mitzelbach behandelt er wegen einer heimlichen Liebesbeziehung rücksichtsvoller.

Anfangs könnte man meinen, der Oberkellner sei ein vernünftiger, pflichtbewusster Mensch, der seinen Aufgaben gewissenhaft nachgeht. Er scheint in seinem Beruf ganz aufzugehen und so viel beschäftigt zu sein, dass er bei Karls Einstellung nicht einmal die „Zeit [hat] sich auch nur auf das geringste Gespräch einzulassen" (118, 29 – 118, 30). Dies könnte allerdings auch ein erster Hinweis auf seine Arroganz sein, die später in Karls Verhör wegen eines Dienstplanverstoßes deutlich zum Ausdruck kommt. So ignoriert er den Jungen bei dessen Eintreten und betont schon dadurch das große Hierarchiegefälle. „Der Oberkellner hatte zwar flüchtig auf die sich öffnende Türe hingeblickt, war dann aber sofort zu seinem Kaffee und zu seiner Lektüre zurückgekehrt, ohne sich weiter um Karl zu kümmern." (141, 34 – 141, 37) In dieser Szene und der nachfolgenden Befragung, in der er sein Urteil über Karl von Beginn an gefällt zu haben scheint, zeigt sich, dass er seine Macht genießt und rücksichtslos gegen andere einsetzt. Hinter der Fassade von Ordnung und Strenge verbirgt sich ein aufbrausender, „gallige[r] Charakter" (141, 9), der jederzeit zum Vorschein kommen kann. So schreit der Oberkellner Karl anfangs „so laut an [...], daß dieser erschrocken vorerst nur in das große schwarze Mundloch starrte" (143, 25 – 143, 26), später geht er wütend, „starke Röte auf Stirn und Wangen, kreuz und quer im Zimmer herum" (144, 22 – 144, 23). Offenbar ist er ein unausgeglichener, launischer Mensch voller Aggressionen. Und auch die sanftere Seite, die er gegenüber der Oberköchin zeigt, macht ihn in den Augen des Lesers vermutlich kaum sympathischer.

Auch sein Sprachgebrauch und Sprachverhalten signalisieren, dass er sich anderen überlegen fühlt. Nicht nur von

2. Wesentliche Charaktereigenschaften und Verhaltensweisen:
Scheinbar vernünftig, pflichtbewusst und gewissenhaft
Arrogant

Machtbesessen und rücksichtslos
Aufbrausend, gallig

Unausgeglichen, launisch, aggressiv

3. Sprachgebrauch und Sprachverhalten:

Fühlt sich anderen überlegen
Herrschsüchtig

Kurze Befehle

Eloquent

Hypotaktische Sätze und grammatisch anspruchsvolle Konstruktionen

Polemisch

Sarkastisch

Versucht, Fehler anderer aufzudecken

4. Zusammenfassung/Fazit

Karl, sondern auch vom Oberportier und sogar der Oberköchin scheint er zu erwarten, dass sie seinen Anweisungen und Ansichten folgen. Als Oberkellner hat er es offenbar gelernt, Worte zu seinem Nutzen einzusetzen. Wenn er nicht gerade verärgert ist und nur kurze Befehle wie „Da! lies!" (144, 11) und „Laut!" (144, 13) hervorstößt, spricht er durchaus eloquent. So kann er Sachverhalte anschaulich beschreiben, wobei er auch hypotaktische Sätze und grammatikalisch komplexere Konstruktionen (wie etwa die Redewiedergabe im Konjunktiv I) verwendet: „Da hat dieser Mann", schildert er beispielsweise das Auftauchen Robinsons bei den Liftjungen, „aber einen großen Radau zu machen angefangen, immer wieder herumgeschrien, der Schlafsaal gehöre dem Karl Roßmann, dessen Gast er sei, der ihn hergebracht habe und der jeden bestrafen werde, der ihn anzurühren wagen würde." (153, 30 – 153, 34) Häufig ist der Oberkellner auch polemisch, etwa wenn er auf Karls Versicherung, seinen Posten niemals zuvor verlassen zu haben, sarkastisch entgegnet: „Dafür wirst Du ihn jetzt verlassen" (144, 19). Seine Gemeinheit äußert sich auch in seinem Bemühen, scheinbare Fehler in Karls Verteidigung aufzudecken und ihn dadurch zu überführen. Geradezu genüsslich fasst er dessen vermeintliche Widersprüche und Ungereimtheiten zusammen: „Geld aber hast Du ihm zuerst nicht versprochen, dann wieder, wenn man Dich überraschend fragt, hast Du ihm Geld versprochen." (156, 9 – 156, 11) Keine Frage: Ein angenehmer Gesprächspartner ist er sicherlich nicht.

Wie zuvor der Onkel repräsentiert auch der Oberkellner Isbary ein strenges Werte- und Normensystem, dem sich die Hauptfigur unterwerfen muss, um in existenzielle Sicherheit zu gelangen. Auch er gehört zu den mächtigen Vaterfiguren, die Karl aufgrund einer Regelverletzung bestrafen. Psychoanalytisch betrachtet, eröffnet sich durch die Beziehung zwischen dem Oberkellner und der Oberköchin, die hier die symbolische Stellung der Eltern einnehmen, noch ein anderer, tiefer liegender Zusammenhang. Aus dieser Perspektive muss Karl die gewonnene Heimat des Hotels deshalb aufgeben, weil er – wie so häufig im Roman – durch sein Heranreifen die Position des Kindes im ödipalen Dreieck verlässt und damit gegen die patriarchale Ordnung verstößt.

Oberportier Feodor

Feodor (sein Nachname wird nicht genannt) ist ein großer, breitschultriger Mann mit einem „glänzende[n] schwarze[n] Schnurrbart, weit in Spitzen ausgezogen so wie ihn Ungarn tragen" (141, 23 – 141, 25); außerdem wird an einer Stelle seine „Kurzsichtigkeit" (146, 35) erwähnt. Glaubt man der Oberköchin, so hat er „Frau und Kinder" (152, 35). Er arbeitet – nach eigener Aussage bereits über „dreißig Dienstjahre[]" (149, 25) – als Oberportier im Hotel occidental, wobei er sich besonders gut mit dem Oberkellner Isbary zu verstehen scheint. Seine „üppige reichgeschmückte Uniform" (141, 20 – 141, 21) unterstreicht seine Machtposition, schränkt ihn aber auch erheblich in seiner Bewegung ein. Bereits diese Kleidung, die ihm förmlich an den Leib gewachsen zu sein scheint, gibt einen Eindruck von seinem Charakter. Feodor identifiziert sich ganz mit der sozialen Position eines Oberportiers und fühlt sich aufgrund seines damit verbundenen Einflusses anderen überlegen. Alles an ihm – die Uniform, der stolz getragene Schnurrbart, die aufrechte Körperhaltung – signalisiert Eitelkeit und Hochmut. Dazu gesellt sich eine beträchtliche Boshaftigkeit, die sich insbesondere in seinem Verhalten gegenüber Karl äußert. Schon zu Beginn des Verhörs „sah er alle Augenblicke bös und mit steif geneigtem Kopf nach Karl hin" (142, 3 – 142, 4) und beschuldigt ihn kurz darauf, ihn nie zu grüßen und die Nächte zum Vergnügen in der Stadt zu verbrin-

1. Personalien, sozialer Status und äußeres Erscheinungsbild

2. Wesentliche Charaktereigenschaften und Verhaltensweisen:
Identifiziert sich mit seiner Position, fühlt sich anderen überlegen

Eitel und hochmütig

Boshaft

gen. Mit solchen unwahren Behauptungen versucht er, Karls ohnehin schon schwierige Situation noch aussichtsloser zu machen, ohne dass er hierfür rationale Gründe hätte. Offenbar handelt er aus reiner Gemeinheit und schreckt dabei auch nicht vor Gewalt zurück. Schon im Büro des Oberkellners umfasst und drückt er Karls Arm „so stark, daß ihm selbst vor Anstrengung die Tränen in die Augen traten" (152, 22 – 152, 23), „schüttelt[] ihn" (150, 35) und gibt ihm „einen Stoß […] in den Rücken" (155, 1). Später in der eigenen Portiersloge, in der er sich vor der Einmischung anderer sicher glaubt, kennt seine Skrupellosigkeit keine Grenzen mehr. Er trägt Karl gewaltsam in eine Ecke des Raumes, verdunkelt sie und demütigt den Jungen, indem er seine Jacke durchsucht und die gefundenen Dinge achtlos unter die Bank wirft. Spätestens wenn er mit „Gier […] in Karls zweiter Tasche herumgrub" (169, 30 – 169, 31), ist sein – womöglich auch sexuell motivierter – Sadismus nicht mehr zu übersehen. Er selbst spricht sarkastisch von einem „Rendezvous" (167, 30), betont, Karl „genießen" (167, 29) zu wollen, und scheint angesichts dessen Scham Lust zu empfinden. Nur weil Karl schließlich fliehen kann, bleibt es der Fantasie des Lesers überlassen, wie weit der Oberportier in seinem unrechten Handeln wohl noch gegangen wäre.

Sein hässlicher Charakter spiegelt sich auch in seinem Sprachverhalten und Sprachgebrauch wider. Nur gegenüber dem Oberkellner zeigt sich Feodor – fast unterwürfig – freundlich, ansonsten aber spricht er mit anderen von oben herab und gibt schon dadurch seine Arroganz zu erkennen. Vor allem gegenüber Karl hat er keinerlei Respekt, sondern agiert sich in seinen Sätzen rücksichtslos an ihm aus. Seine Schimpftiraden sind durchsetzt mit (haltlosen) Vorwürfen und (fragwürdigen) Vorschriften: „Du bist der einzige Junge, welcher mich grundsätzlich nicht grüßt", behauptet er einmal. „Was bildest Du Dir eigentlich ein! Je-

---

Marginalia (left column):

Lügnerisch

Gemein und gewalttätig

Skrupellos

Demütigend

Sadistisch

3. Sprachgebrauch und Sprachverhalten: Unterwürfig freundlich gegenüber Mächtigeren

Arrogant, respektlos und rücksichtslos

der der an der Portierloge vorbeigeht muß mich grüßen."
(145, 1 – 145, 3) Wie sehr er in seinem Reden von Emotionen
geleitet ist, zeigen auch die vielen Schimpfwörter und Beleidigungen: Unter anderem nennt er Karl einen „Lümmel"
(145, 7), einen „miserable[n] Junge[n]" (149, 28) und einen
„ausgegohrene[n] Lump[en]" (149, 32 – 149, 33). Und als er
einmal Widerrede erhält, droht er in seiner Gestik gleich
mit Gewalt: „„Wirst Du sofort schweigen', schrie der Oberportier und schüttelte die Faust, wo andere einen Finger
bewegt hätten" (149, 20 – 149, 21). Seine Niedertracht erreicht ihren Höhepunkt, als er sein kriminelles Tun als gewissenhafte Aufgabenerfüllung darzustellen versucht: „Es
ist meine Pflicht [...] [,] das was der Oberkellner aus welchen Gründen immer versäumt hat, im Namen der Hoteldirektion wenigstens ein wenig nachzuholen." (167, 5 – 167, 9)
Freilich glaubt er selbst nicht daran, sondern ergötzt sich
an dieser Verdrehung der Wahrheit.

Der Oberportier Feodor ist eine überaus unsympathische
Figur ohne jeden positiven Charakterzug. Ähnlich wie Green
hat auch er es darauf angelegt, Karl zu verletzen und ins Unglück zu stürzen, wobei er nicht einmal vor Verleumdungen,
Beleidigungen und Gewalttätigkeiten zurückschreckt. Dabei wird auch eine sexuelle Komponente seines Sadismus
deutlich, scheint er sich in der dunklen Ecke der Portiersloge doch geradezu an Karl vergreifen zu wollen. In seinem
gesamten Auftreten und Verhalten stellt er eine Warnung
und Mahnung dar, wie schnell soziale Werte und Normen
vergessen sind und dem Recht des Stärkeren weichen.

Brunelda

Brunelda ist eine ehemalige Sängerin, die zum Zeitpunkt,
als sie Delamarche und Robinson kennenlernt, mit ihrer
Dienerschaft in „einer sehr reichen Wohnung im Parterre"
(193, 13) lebt. Ihr „großes Vermögen" (194, 29) stammt von

Seitenrandnotizen:

Emotional

Schimpfwörter
und Beleidigun-
gen

Gewalttätige
Gestik
Schreien

Scheinheilig

4. Zusammen-
fassung/Fazit

1. Personalien,
sozialer Status
und äußeres
Erscheinungsbild

ihrem geschiedenen Mann, einem „Cacaofabrikant[en]" (194, 30), der sie noch immer liebt und mit Geschenken umwirbt, aber stets abgewiesen wird. Nachdem Brunelda mit Delamarche ein Verhältnis eingegangen ist, zieht sie mit ihm und Robinson, der nun als einziger Diener eingestellt wird, in eine kleine, billige „Vorstadtwohnung" (197, 1), wo sie allmählich verwahrlost und verarmt. Bei den Nachbarn ist sie unbeliebt, wenn nicht verhasst. Ihr Niedergang zeichnet sich auch körperlich ab: War Brunelda schon früher recht korpulent, so hat sie nun einen „übermäßig dicken Körper" (188, 29 – 188, 30) und ist so ungelenkig, dass sie sich nicht mehr allein ausziehen oder waschen kann. Außerdem ist sie gesundheitlich angeschlagen: „Kopfschmerzen hat sie oft und Gicht in den Beinen fast immer" (192, 12 – 192, 13). Gegen Ende der Handlung hat sie – so legt es zumindest das Kapitelfragment „Ausreise Bruneldas" nahe – sämtliche Ersparnisse verloren, auch Delamarche und Robinson sind mittlerweile gegangen. Schließlich gibt Brunelda ihre Wohnung auf, um künftig als Prostituierte im „Unternehmen Nr. 25" (241, 11), einem Bordell, zu arbeiten.

Ihr gesamtes Wesen und Verhalten zeigen, wie unglücklich sie mit ihrem Leben ist. Offenbar leidet sie darunter, dass sie – früher eine Sängerin, die sicher zahllose Verehrer hatte – mit zunehmendem Alter an Reiz und Ausstrahlung
verliert. Nun, da sie ihre Eitelkeit und sexuelle Lust nicht mehr mit Männern aus der Oberschicht befriedigen kann, sondern sich auf Beziehungen mit Herumtreibern wie De-
lamarche einlassen muss, lässt sie sich gehen, wird immer dicker und unattraktiver. Auch ihre Erotik mit Delamarche,
die von fordernder Dominanz geprägt ist, wirkt eher verzweifelt als beglückend. Dabei ist Brunelda so faul und antriebslos, dass sie in ihrem Elend gefangen bleibt und
nichts zur Besserung unternimmt. Kein Wunder, dass sie „unerträgliche Launen" (209, 5) hat und permanent jam-

mert. Offenbar seit jeher gewohnt, Menschen herumzu-   Herrschsüchtig
kommandieren, verhält sie sich auch gegenüber Delamarche und Robinson herrisch. Wenn ihr etwas nicht passt,
wird sie laut, „fängt schrecklich zu schreien an, wie ein
Mann, und schreit stundenlang" (202, 21 – 202, 22). Sie
denkt nur an sich und ihre Bedürfnisse – Respekt und Ach-   Egozentrisch
und rücksichts-
los
tung vor anderen sind ihr offenbar fremd. Dies zeigt sich
auch in ihrem Umgang mit Karl. Insbesondere auf dem Balkon während der Wahlkampfveranstaltung ist sie wiederholt übergriffig und behandelt ihn wie ein Kind: „„Wie es   Übergriffig
den Kleinen aufregt', sagte Brunelda zu Delamarche und
faßte Karl am Kinn, um seinen Kopf an sich zu ziehen." (212,
18 – 212, 19) Erst ganz am Ende, als sie in einem Wagen
durch die Stadt gezogen wird, zeigt sich eine ganz andere
Seite von ihr. Wenn sie sich in dieser Situation „in ihrem
Zartgefühl [...] ganz und gar mit ihrem grauen Tuch" (238,   Schamvoll und
ängstlich
28 – 238, 30) verdeckt und kurz darauf vor Scham und Angst   Insgeheim weich
„ganz in Tränen" ist (240, 32), wird ihr weicher, sensibler   und sensibel
Kern deutlich. So betrachtet, sind ihr mächtiger Leib und
ihre grobe Art vielleicht nichts anderes als ein Schutz vor
Demütigung und Verletzung.
Ohne Brunelda überhaupt sehen und längere Zeit erleben   3. Sprachge-
brauch und
Sprachverhalten:
zu müssen, könnte man allein durch ihre Art zu sprechen
auf ihren Charakter schließen. Immer wieder ergeht sie
sich in endlosen Tiraden[1], die von Ärger und Unzufrieden-   Endlose, von
Ärger und
Unzufriedenheit
bestimmte
Tiraden
heit bestimmt sind: „Delamarche, ich halte es vor Hitze
nicht aus, ich brenne, ich muß mich ausziehn, ich muß ba-
den, schick die zwei aus dem Zimmer, wohin Du willst, auf
den Gang, auf den Balkon, nur daß ich sie nicht mehr sehe.
Man ist in seiner eigenen Wohnung und immerfort gestört.
Wenn ich mit Dir allein wäre, Delamarche. Ach Gott, sie
sind noch immer da! Wie dieser unverschämte Robinson
sich da in Gegenwart einer Dame in seiner Unterkleidung

---

[1] Tirade: Wortschwall

streckt. Und wie dieser fremde Junge, der mich vor einem Augenblick ganz wild angeschaut hat, sich wieder gelegt hat um mich zu täuschen. Nur weg mit ihnen, Delamarche, sie sind mir eine Last, sie liegen mir auf der Brust, wenn ich jetzt umkomme, ist es ihretwegen." (188, 7 – 188, 18) Auch in Bruneldas Wortschwallen dreht sich alles meist um sie selbst: Allein im ersten der hier zitierten Sätze gebraucht sie das Personalpronomen „ich" nicht weniger als fünf Mal. Andere Menschen sieht sie entweder als Diener, denen sie Befehle erteilt, oder aber als Störung, die entfernt werden soll. Es geht ihr mit ihrer Sprache nicht um Nähe, sondern um Hierarchie und Distanz. Überhaupt steht sie ihrer Umwelt misstrauisch gegenüber, vermutet von allen Seiten Schamlosigkeit und Hinterlist – aber verrät damit am meisten über ihr eigenes Wesen. In ihrem ewigen Jammern neigt sie auch zur Übertreibung und Dramatisierung, fürchtet etwa, ihre Situation nicht mehr auszuhalten und daran zugrunde zu gehen. Brunelda, so ließe sich zugespitzt sagen, erweist sich in ihrem Sprachgebrauch und Sprachverhalten als genauso hässlich, wie sie sich auch sonst präsentiert.

Zusammengefasst personifiziert Brunelda im Roman eine abstoßende, aggressive Seite der Weiblichkeit. Im Gegensatz etwa zu Klara Pollunder, die zwar dominant, aber auch reizvoll ist, und zur unschuldig wirkenden Therese Berchtold strahlt sie in ihrer Egozentrik und Obszönität etwas Gefährliches, geradezu „Verschlingendes" aus. Karl jedenfalls, noch auf der Schwelle zum Erwachsenen, weiß dieser bedrohlichen Macht nichts entgegenzusetzen und fällt in der Konfrontation mit Brunelda immer wieder in die Rolle des Kindes zurück.

Marginalien:

Spricht vor allem über sich selbst

Befehlend

Stellt Hierarchie und Distanz her
Misstrauisch

Jammern

Übertreibung und Dramatisierung

4. Zusammenfassung/Fazit

Josef Mendel

Josef Mendel, „ein junger Mann mit einem kleinen Spitzbart" (217, 6 – 217, 7), lebt bei Bruneldas Vermieterin in der Wohnung neben dem Zimmer der Sängerin. Nachdem er früher ausschließlich studiert und daher unter großer Armut gelitten hat, arbeitet er mittlerweile zusätzlich „im Warenhaus von Montly" (220, 32). Als „niedrigster Verkäufer, eher schon Laufbursche" (220, 31 – 220, 32), wie er seinen Posten abfällig beschreibt, wird er allerdings so „elend bezahlt" (220, 34), dass er „wütend" (220, 34) darüber ist.

1. Personalien, sozialer Status und äußeres Erscheinungsbild

Schon ein Blick auf seinen anstrengenden Alltag offenbart seine auffälligsten Charakterzüge, nämlich Fleiß und Disziplin. Während Mendel tagsüber den Job im Kaufhaus ausübt, um seinen Lebensunterhalt zu sichern, geht er nachts dem Studium nach und beweist damit großen Ehrgeiz. Anstatt ausreichend zu schlafen, trinkt er „schwarzen Kaffee" (221, 10 – 221, 11), ist allerdings auch häufig „nervös" (220, 8), wie er selbst zugibt. Für ihn scheint das Leben ein ständiger Kampf zu sein, der Entbehrung und Aufopferung verlangt. Nach dem Motto „Nichts wird einem geschenkt" ist er immer bestrebt, weiterzukommen, achtet dabei aber nicht auf sich und seine Gesundheit.

2. Wesentliche Charaktereigenschaften und Verhaltensweisen:
Fleißig und diszipliniert
Ehrgeizig

Nervös

Leben als ständiger Kampf

Rücksichtslos gegen sich selbst

Auch wenn er seine Ziele mit Beharrlichkeit und eisernem Willen verfolgt, ist er zu anderen freundlich und offen. Karl gegenüber zeigt er sich im nächtlichen Gespräch auf dem Balkon zwar anfangs etwas mürrisch, weil er sich ungern in seiner Arbeit stören lässt, wendet sich dem Jungen dann aber zu und gibt ihm wohlmeinende Ratschläge. Auch gegenüber seinen Nachbarn ist Mendel empathisch und selbstlos, obwohl er sie nach eigener Aussage „hass[t]" (219, 29). So hat er Robinson einst besorgt auf dessen Gesundheitszustand angesprochen, die Sängerin medizinisch „behandelt" (219, 34 – 219, 35) und hilft ihr später sogar beim Auszug. Bei ihrer Verabschiedung wird deutlich, dass

Freundlich und offen

Empathisch und selbstlos

Hilfsbereit

Nicht nachtragend Selbstreflexiv

er nicht nachtragend ist und auch sein eigenes Verhalten hinterfragt: „Alle Nichtübereinstimmung zwischen Brunelda und dem Studenten schienen vergessen, er entschuldigte sich sogar wegen der alten Beleidigungen Bruneldas die er sich bei ihrer Krankheit hatte zu schulden kommen lassen" (237, 29 – 237, 32).

3. Sprachgebrauch und Sprachverhalten: Höflich und weltmännisch

Fragt nach, zeigt Interesse

Offenherzig

Bestimmt und selbstbewusst

Bildhafte Beschreibungen

Gute Manieren beweist Mendel auch in der Unterhaltung mit Karl. Er stellt sich höflich vor, redet sein Gegenüber mit „junger Mann" (218, 19) an und nennt Brunelda weltmännisch „Madame" (219, 30). Durch seine Nachfragen zeigt er ehrliches Interesse an Karl, erzählt aber ebenso offenherzig von sich, wobei er aufgrund seiner vielen Erfahrungen bestimmt und selbstbewusst auftritt. Dabei beschreibt er seine Verhältnisse immer wieder sehr bildhaft. So erinnert er sich an früher: „Vor Jahren war ich nur Student, bei Tag und Nacht wissen Sie, nur bin ich dabei fast verhungert, habe in einer schmutzigen alten Höhle geschlafen und wagte mich in meinem damaligen Anzug nicht in die Hörsäle." (221,

Hang zur Dramatik und Übertreibung

3 – 221, 6) Sein Hang zur Dramatik und Übertreibung, der in diesen Worten deutlich wird, findet seinen Höhepunkt später im Gespräch, als er behauptet, es sei „leichter, hier Be-

Überspitzte Formulierungen

zirksrichter zu werden als Türöffner bei Montly" (222, 31 – 222, 32). Solche überspitzten Formulierungen unterstreichen, welch große Mühe das Leben für ihn bedeutet.

4. Zusammenfassung/Fazit

Josef Mendel spielt für den Handlungsverlauf eine wichtige Rolle. Durch seine Schilderung der schwierigen Jobsuche in Amerika kann er den Protagonisten überzeugen, die Dienerstelle bei Brunelda anzunehmen. Außerdem lernt Karl durch den Studenten eine Arbeitsauffassung kennen, die ihm bislang fremd ist. Das erste Mal begegnet er einem Menschen, der pflichtbewusst die Anforderungen seines ungeliebten, jedoch notwendigen Berufs erfüllt, in seiner freien Zeit aber mit großem Eifer den eigenen Interessen nachgeht.

Der Blick auf den Text: Die Textanalyse

Einen Textauszug analysieren – Tipps und Techniken

Für die Analyse eines Textauszugs stehen grundsätzlich zwei verschiedene Methoden zur Auswahl: die Linearanalyse und die aspektgeleitete Analyse.

In der **Linearanalyse** werden die einzelnen Aspekte systematisch, das heißt ihrer Reihenfolge nach, analysiert. Dies führt in der Regel zu genauen und detaillierten Ergebnissen. Allerdings besteht dabei die Gefahr, dass zu kleinschrittig gearbeitet wird und die übergeordneten Deutungsaspekte des Auszugs aus dem Blick geraten.

In der **aspektgeleiteten Analyse** werden diese Deutungsschwerpunkte von vornherein festgelegt. Daraus ergibt sich in der Regel eine problemorientierte und zielgerichtete Vorgehensweise. Dabei werden jedoch die Deutungsaspekte, die nicht im Fokus des Interesses stehen, vernachlässigt.

Aufbauschema:

1. Einleitung:
Themensatz: Autor/Autorin, Titel, Textsorte, Erscheinungsjahr, Thema, kurze Inhaltsangabe

↓

2. Einordnung des Textauszugs in den Roman:
Was geschieht vorher, was nachher?

Linearanalyse　　　　　　*aspektgeleitete Analyse*

3. Inhaltlicher Aufbau:
- Auflistung der Textabschnitte/ Textgliederung

↓

4. Beschreibung und Deutung der unter 3. angegebenen Textabschnitte:
- Aussagen zum Inhalt des Abschnitts
- Aussagen zur Deutung, Einbettung in den Zusammenhang des Romans
- Einbezug der sprachlichen Gestaltung
- Überleitung zum nächsten Textabschnitt

3. Untersuchungsschwerpunkte:
- Auflistung der ausgewählten Aspekte

↓

4. Beschreibung und Deutung der unter 3. angegebenen Aspekte:
- Benennen des jeweiligen Aspekts
- Aussagen zur Deutung, Einbettung in den Zusammenhang des Romans
- Einbezug der sprachlichen Gestaltung

5. Schluss:
- Zusammenfassung der Ergebnisse
- Einordnung in einen größeren Deutungszusammenhang
- Bewertung

Beispielanalyse (linear): 82, 1 – 87, 11

Aufgabe: Analysieren (beschreiben und deuten) Sie den vorliegenden Textauszug aus dem Roman „Der Verschollene" von Franz Kafka.

Der vorliegende Textauszug stammt aus Franz Kafkas Fragment gebliebenen Roman „Der Verschollene", der zwischen 1911 und 1914 entstanden ist und 1927 posthum durch Kafkas Freund und Nachlassverwalter Max Brod unter dem alternativen Titel „Amerika" veröffentlicht wurde. Das Werk handelt vom 17-jährigen Karl Roßmann, der von seinen Eltern zur Strafe, dass er ein Dienstmädchen geschwängert hat, von Europa in die Vereinigten Staaten geschickt wird, wo er nun vor der Aufgabe steht, erwachsen zu werden und seinen Platz in der Gesellschaft zu finden. Auf seiner Odyssee durch das fremde Land lernt er immer wieder die Vorzüge, aber auch die Schattenseiten der modernen kapitalistischen Welt kennen. So genießt er zwar eine Weile lang das sorgenfreie Leben bei seinem reichen Onkel, ist aber nach der Trennung selbst von Not und Existenzängsten bedroht. Später freut er sich zwar darüber, einen Job als Liftjunge in einem Hotel gefunden zu haben, muss sein Leben aber ganz nach dem strengen Dienstplan ausrichten und die eigenen Bedürfnisse zurückstellen. Trotz aller Disziplin gelingt es Karl nicht, in Amerika Fuß zu fassen. Er erlebt einen Rückschlag nach dem nächsten, erfährt Ignoranz, Ungerechtigkeit und Gewalt durch andere, sinkt sozial immer tiefer, bis er schließlich einem ungewissen Schicksal entgegengeht.

Bei dem zu analysierenden Textauszug handelt es sich um den Beginn des 4. Kapitels. Nachdem er kurz zuvor den Abschiedsbrief seines Onkels erhalten und daraufhin Pollunders Landhaus verlassen hat, quartiert sich Karl für die Nacht in einem Wirtshaus ein. Hatte er zuvor als Neffe eines

[Randnotizen:]
Einleitung

Einordnung des Textauszugs in den Roman

einflussreichen Senators und erfolgreichen Unternehmers vorwiegend Umgang mit Mitgliedern aus der amerikanischen Oberschicht, lernt er nun in Gestalt der Herumtreiber Delamarche und Robinson, die mit ihm das Zimmer teilen, die rauen Seiten der proletarischen Unterschicht kennen. Da sich Karl den beiden Männern später anschließt und einige Zeit mit ihnen verbringt, dient der Textauszug auch als Übergang zwischen zwei Handlungssequenzen, nämlich der Zeit in New York und der Wanderung nach Ramses.

Inhaltlicher Aufbau

Der Textauszug lässt sich in vier Teile untergliedern. Während der erste Abschnitt (82, 1 – 83, 17) von Karls Ankunft in der Pension und seinen ersten Eindrücken in dem ihm zugewiesenen Zimmer erzählt, handelt der zweite Abschnitt (82, 18 – 84, 23) davon, wie Karl seinen Koffer, den er erst kurz zuvor wiederbekommen hat, öffnet und inspiziert. Der darauf folgende dritte Abschnitt (84, 24 – 85, 35) schildert Karls Kennenlernen von Delamarche und Robinson, die durch ihn unbeabsichtigt geweckt wurden, bald aber wieder einschlafen. Daraufhin wird im vierten Abschnitt (85, 36 – 87, 11) erzählt, wie sich Karl erneut seinem Koffer zuwendet, eine Fotografie seiner Eltern betrachtet und schließlich ebenfalls einschläft.

Beschreibung und Deutung der Textabschnitte: Abschnitt I

Gleich zu Beginn des Textauszugs zeigt sich, dass Karls Aufenthalt in Amerika einen Wendepunkt erreicht hat. Nachdem ihn sein Onkel fortgeschickt hat, ist er zum ersten Mal auf sich allein gestellt. Er muss nun für sich selbst sorgen und eigene Entscheidungen treffen. So verlangt er im Wirtshaus „die billigste Bettstelle, die zu haben war, denn er glaubte mit dem Sparen sofort anfangen zu müssen" (82, 4 – 82, 6). Mit den materiellen Vorzügen hat er nun auch jedes Ansehen verloren, wie er sogleich durch den Wirt erfahren muss, der ihn „mit einem Wink, als sei er ein Angestellter" (82, 7), ins Zimmer schickt. Dass Karl künftig mit ganz anderen Umgangsformen und Verhaltensweisen konfrontiert sein wird, deutet sich auch an, als er wenig später in der Stube die beiden jungen Männer sieht, die in Straßenkleidung schlafen und dementsprechend „wenig vertrauenswürdig" (82, 19) wirken. Kein Zweifel: Bei ihnen handelt es sich nicht um vornehme, reiche Leute wie etwa den Millionärssohn Mack, der kurz zuvor in einem großen Himmelbett gethront hat. Karls soziale Umwelt hat sich grundlegend verändert und ist bedrohlich geworden.

Wie bereits in der vorangegangenen Handlung zeigt sich Karl auch jetzt vorsichtig und bedacht. Seinem Impuls, die Unterkunft gleich wieder zu verlassen, folgt er zwar nicht, weil er dem Wirt und der Zimmerfrau nicht erneut unter die Augen treten will und weil es draußen vermutlich noch unsicherer für ihn wäre. Doch da er seine Zimmergenossen nicht kennt, nimmt er sich vor, wach zu bleiben, „denn er durfte seinen erst wiedergewonnenen Koffer und das Geld, das er bei sich trug, keiner Gefahr aussetzen" (82, 28 – 82, 30). Um sich mehr Klarheit zu verschaffen, mustert er die beiden Männer genau und überlegt sich angesichts ihres fehlenden Gepäcks, dass sie womöglich harmlose Hausdiener sind. Erneut wägt er somit die Risiken sowie die Vor- und Nachteile einer bestimmten Situation ab, um die beste Entscheidung treffen zu können.

Der zweite Abschnitt handelt davon, wie sich Karl schließlich seinem Koffer widmet, „um einmal einen Überblick über seine Sachen zu bekommen, an die er sich schon nur undeutlich erinnerte" (83, 18 – 83, 20). In der ungewissen Lage, in der er sich befindet, scheint er sich durch die Beschäftigung mit seinem Hab und Gut beruhigen zu wollen. Und tatsächlich merkt er „zu seiner Freude" (83, 32), dass nichts von seinem Gepäck fehlt und er außerdem noch „reichlich" (84, 2) Geld besitzt. Erneut vermittelt ihm der Koffer, schon zuvor ein Symbol für die einstige Heimat, das Gefühl von Sicherheit und Hoffnung. So mag Karl beim Anblick der Wäsche, die „rein gewaschen und gebügelt" (84,

Abschnitt II

4) vor ihm liegt, an die Fürsorge seiner Mutter denken, und auch „Taschenbibel, Briefpapier und die Photographien der Eltern" (84, 12) lösen in ihm vermutlich angenehme Assoziationen aus. Getrübt wird seine Freude allerdings durch die „Veroneser Salami" (84, 6), deren Geruch sich im Gepäck ausgebreitet hat. Die Vorstellung, in der riechenden Kleidung umhergehen zu müssen, behagt Karl keineswegs. Offenbar, so ließe sich dies deuten, werden die Dinge aus der Heimat zunehmend fremd, scheinen nicht mehr recht zu ihm zu passen.

Der Blick in den Koffer lässt Karl jedoch nicht nur an die Zeit in Europa denken, sondern auch an die ersten Erlebnisse in Amerika. So erinnert er sich an Butterbaum, den er seinen Besitz bei der Ankunft in New York leichtfertig anvertraut hat, und an Schubal, gegen den er den Schiffsheizer nicht verteidigen konnte. Diese Erinnerungen, in denen er mit der eigenen Ohnmacht und Unreife konfrontiert ist, sorgen sicherlich nicht für eine Besserung seiner Stimmung. Besonders demütigend muss es für Karl aber sein, als er schließlich bemerkt, dass die Mütze, die ihn Herr Green kurz zuvor geschenkt hat, in Wirklichkeit seine eigene ist. „In ihrer alten Umgebung erkannte er sie sofort, es war seine Mütze, die Mütze, die ihm die Mutter als Reisemütze mitgegeben hatte." (84, 13 – 84, 15) Plötzlich wird ihm bewusst, dass Green sich einen Scherz mit ihm erlaubt hat. In diesem Moment wird Karls Naivität besonders deutlich. Bei aller Bemühung, so muss er sich eingestehen, sieht er häufig das Offensichtliche nicht. In einer „unabsichtlichen wütenden Bewegung" (84, 22) schließt er laut seinen Koffer – fast so, als wollte er diese Erkenntnis gleich wieder vergessen.

Abschnitt III Im dritten Abschnitt geht es darum, wie Karl seine zwei Zimmergenossen, die durch den Lärm geweckt wurden, kennenlernt. Es handelt sich um den Franzosen Delamarche und den Iren Robinson, „beide sehr junge Leute"

(84, 34), denen man ihr schweres Schicksal ansieht. Karls erster Eindruck, dass sie wenig vertrauenswürdig sind, scheint sich angesichts ihrer Verwahrlosung zu bestätigen: „[S]chwere Arbeit oder Not hatten ihnen vorzeitig die Knochen aus den Gesichtern vorgetrieben, unordentliche Bärte hiengen ihnen ums Kinn, ihr schon lange nicht geschnittenes Haar lag ihnen zerfahren auf dem Kopf" (84, 34 – 84, 37). Auch ihr Verhalten lässt keinen Zweifel daran, dass sie aus einfachen Verhältnissen stammen und ihnen feine Manieren fremd sind. Sie gähnen und strecken sich ungeniert, lassen sich auf keine wirkliche Unterhaltung ein, blasen die Kerze schließlich, ohne zu fragen, aus und schlafen gleich wieder ein.

In Karls Umgang mit ihnen zeigt sich erneut, dass er stets versucht, seine Lage richtig einzuschätzen und vernünftig zu handeln. Um „gleich Klarheit zu schaffen" (84, 29), tritt er an die Männer heran, „erklärt[], mit welchem Rechte er hier sei" (84, 30 – 84, 31), stellt sich vor und fragt nach ihren Namen, versichert ihnen, „keinen Anspruch auf ein Bett" (85, 7) zu erheben, und betont schließlich: „Außerdem müssen Sie sich nicht an meinem schönen Kleid stoßen, ich bin vollständig arm und ohne Aussichten." (85, 9 – 85, 10) Mit diesem Handeln beweist Karl Mut und große Umsicht. So nimmt er Kontakt zu den Fremden auf, spricht offen zu ihnen, lernt sie kennen und kann dadurch das Risiko, das von ihnen ausgeht, besser einschätzen und vielleicht mindern. Als er schließlich jedoch über die „Gefährlichkeit der Irländer" (85, 28) nachgrübelt, von der er „einmal zuhause gelesen hatte" (85, 25), wird deutlich, wie orientierungslos er trotz allem noch ist. Weitgehend ohne Erfahrung im neuen Land, stützt er sich auf Meinungen – eher Vorurteile als Fakten – aus der ehemaligen Heimat und verliert dadurch die Realität aus dem Blick.

Der abschließende vierte Abschnitt erzählt davon, wie sich Karl erneut dem Inhalt seines Koffers zuwendet und seine

Abschnitt IV

Gedanken dabei noch weiter in die Vergangenheit abschweifen. Nachdem er zunächst „ein wenig in der Bibel [blätterte]" (86, 2), die ihn womöglich an schöne Kindheitsmomente erinnert, beschäftigt er sich lange mit einer Fotografie seiner Eltern, „auf der der kleine Vater hoch aufgerichtet stand, während die Mutter in dem Fauteuil vor ihm ein wenig eingesunken dasaß" (86, 3 – 86, 5). Karl versetzt sich beim Betrachten des Bildes in die Zeit zurück, in der er noch zur Familie gehört hat. Es scheint, als hoffe er, unter den Augen der Eltern seinen einstigen Platz zurückzugewinnen. So muss er an eine andere Fotografie denken, auf der ihn seine Eltern anschauen, und auch auf der jetzigen Abbildung „suchte [er] von verschiedenen Seiten den Blick des Vaters aufzufangen" (86, 13 – 86, 14). Dieser Blick, so ließe sich interpretieren, würde ihn wieder unter die – strenge, aber auch schützende – Kontrolle seines Vaters stellen.

Neben der Sehnsucht nach der einstigen Sicherheit werden in der Szene auch Karls Schuldgefühle deutlich. So glaubt er, sich daran zu erinnern, dass ihn seine Eltern auf der einen Fotografie „scharf" (86, 10) anstarren, als wären sie ihm böse. Auf dem anderen Foto erscheint ihm das Gesicht der Mutter schmerzvoll verzerrt, „ihr Mund war so verzogen, als sei ihr ein Leid angetan worden und als zwinge sie sich zu lächeln" (86, 19 – 86, 20). Nichts scheint Karl in diesem Moment erstrebenswerter zu sein, als sich mit seinen Eltern zu versöhnen und von ihnen wieder als ihr Kind an- und aufgenommen zu werden. Sein Blick fällt auf „die Hand der Mutter, […] zum Küssen nahe" (86, 27 – 86, 28). Er überlegt sich sogar, ob er nicht in die Heimat schreiben sollte, gleichsam als Entschuldigung und Eingeständnis des eigenen Scheiterns. Der Gedanke an die Eltern beruhigt ihn. Hat er sich bislang bemüht, in der fremden Umgebung wach zu bleiben, gibt er seiner Müdigkeit nun nach. „Das Bild entfiel seinen Händen, dann legte er das Gesicht

auf das Bild, dessen Kühle seiner Wange wohltat und mit einem angenehmen Gefühle schlief er ein." (87, 8 – 87, 11)
Die Analyse des vorliegenden Textauszugs sollte deutlich machen, in welch ungewisser Lage sich der Protagonist Karl Roßmann zu diesem Zeitpunkt der Handlung befindet. Kurz zuvor von seinem Onkel weggeschickt, muss er nun auf die Vorzüge eines behüteten Lebens verzichten und sich stattdessen einer Zukunft voller Unwägbarkeiten und Gefahren stellen. Erschwert wird die Situation dadurch, dass er zwar stets versucht, vernünftig zu handeln, ihm dabei aber seine Unerfahrenheit und Naivität im Weg stehen. So ist es kein Wunder, dass Karl in der Szene unter Heimweh leidet und sich durch die Erinnerung an die Eltern zu beruhigen versucht. Seine momentane Lage wird damit freilich nicht besser. *Schluss*

Beispielanalyse (aspektgeleitet): 125, 11 – 129, 25

Aufgabe: Analysieren (beschreiben und deuten) Sie den vorliegenden Textauszug aus dem Roman „Der Verschollene" von Franz Kafka.

Bei dem vorliegenden Textauszug handelt es sich um eine Passage aus Franz Kafkas Roman „Der Verschollene" (alternativer Titel: „Amerika"), der in den Jahren von 1911 bis 1914 entstanden ist und 1927, drei Jahre nach Kafkas Tod, veröffentlicht wurde. In diesem Werk geht es um die Erlebnisse des 17-jährigen Pragers Karl Roßmann, der von seinen Eltern zur Strafe, dass er ein Dienstmädchen geschwängert hat, in die Vereinigten Staaten geschickt worden ist. Dort wird er zwar zunächst von einem Onkel aufgenommen, muss sich aber nach der baldigen Trennung auf eigene Faust durchs fremde Land schlagen. Während der Handlung, in der Karl unterschiedliche Schichten *Einleitung* und Milieus kennenlernt, mit Armut und Not konfrontiert wird, hilfsbereiten, aber auch gemeinen, egoistischen und aggressiven Menschen begegnet, Enttäuschungen und Niederlagen erfährt, hat er die Aufgabe, erwachsen zu werden und seinen Platz in der Gesellschaft zu finden. Ob ihm dies allerdings gelingt, ist fraglich. Da der Roman unvollendet ist, bleibt es der Fantasie des Lesers überlassen, wie Karls Abenteuer ausgeht.

Einordnung des Textauszugs in den Roman

Der zu analysierende Textauszug stammt aus dem 5. Kapitel „Im Hotel occidental" und ist ungefähr in der Mitte des Romans platziert. Sie erzählt von dem schweren Schicksal Therese Berchtolds, einer jungen Hotelsekretärin, mit der sich Karl während seiner Zeit als Liftjunge anfreundet. Im Zentrum steht ein frühes Kindheitserlebnis, in dem Therese unter tragischen Umständen ihre Mutter verliert. Die Erinnerung an dieses Ereignis, das mit der Geschichte des Protagonisten nichts direkt zu tun hat, lässt sich als eine Art Binnenerzählung in der Gesamthandlung auffassen. Sie erinnert den Leser und die Leserin daran, wie unsicher und zerbrechlich die Stellung des Menschen in einer feindlichen Umwelt – und damit auch die Existenz Karl Roßmanns – ist und wie schnell Hoffnung und Zuversicht verloren sein können.

Untersuchungsschwerpunkte

So beklemmend wie an keiner anderen Romanstelle werden in dem Textauszug die Auswirkungen der modernen Gesellschaft geschildert, der schließlich ein Mensch zum Opfer fällt. Darüber hinaus finden sich hier die Gründe, warum Therese ein solch trauriges und ängstliches Gemüt hat. Auch Jahre später hat sie das einstige Unglück nicht überwunden, die Erinnerung belastet sie noch als junge Frau. Im Folgenden rücken diese beiden Aspekte ins Zentrum der Analyse.

Beschreibung und Deutung der Aspekte:

Die Auswirkungen der modernen Gesellschaft zeigen sich im vorliegenden Textauszug in vielerlei Hinsicht. Sie scheinen alle Lebensbereiche mehr oder weniger direkt zu bestimmen. Gleich zu Beginn ist die Rede von „Massenquartieren des New Yorker Ostens" (125, 20 – 125, 21), und in der gesamten Großstadt begegnet man „Menschen auf Schritt und Tritt" (127, 7). Auch die Architektur hat sich diesen Bedingungen angepasst: Um der Bevölkerungsdichte Herr zu werden, sind die Gebäude in gewaltigen Dimensionen und nach streng wirtschaftlichen Gesichtspunkten konstruiert. „Die Korridore dieser Häuser sind nach schlauen Plänen der besten Raumausnützung aber ohne Rücksicht auf leichte Orientierung angelegt" (127, 13 – 127, 15). Der Lebensraum in der Moderne hat jede Natürlichkeit und Behaglichkeit verloren. In den Wohnungen herrscht eine „erstickende Luft" (126, 32), draußen hetzt man durch kalte, schier endlose Straßen. Die Strukturen der modernen Gesellschaft zeigen sich aber nicht nur in den äußeren Lebensumständen, sondern dringen tief in die Psyche und verändern das Bewusstsein der Menschen. Die meisten sind von Sorgen und Ängsten geplagt, viele suchen Trost im Alkohol: „Betrunkene wanderten mit dumpfem Gesang im Haus umher" (127, 31 – 127, 32). Auch Aggression und Gewalt sind allgegenwärtig. So wird in dem Textauszug von Leuten erzählt, „die in den Gängen vor einer Tür Streit mit einander hatten und einander gegenseitig in das Zimmer hineinstießen" (127, 30 – 127, 31). Glücklich und zufrieden scheint in dieser Welt niemand zu sein.

Besonders erschreckend ist die Gleichgültigkeit der Menschen in dem zu analysierenden Textauszug. Sie sind durch die allgemein herrschende Not und Armut offenbar so abgestumpft, dass sie kein Mitgefühl mit dem anderen mehr haben. Jeder scheint nur auf sein eigenes Wohl und Überleben bedacht. Dies müssen auch Therese und ihre Mutter erfahren, als sie in der eisigen Winternacht durch die Stadt irren, um eine Schlafstelle zu finden: „Die Mutter war damals schon zwei Tage ohne Arbeit gewesen, nicht das kleinste Geldstück war mehr vorhanden, der Tag war ohne einen Bissen im Freien verbracht worden" (126, 6 – 126, 9).

I. Aspekt: Die Auswirkungen der modernen Gesellschaft

Obwohl sie eine Zeit lang „jeden, der ihnen entgegenkam"
(126, 25), um Aufnahme bitten, erweist es sich als „unmöglich ein Plätzchen zu bekommen" (126, 18 – 126, 19). Selbst
aus den Torgängen, in denen sie sich zumindest etwas vor
dem Wetter schützen könnten, werden sie verjagt. Nirgendwo stoßen sie auf Solidarität und Hilfe, was umso
hartherziger erscheint, als die Mutter nicht nur hungrig und
müde, sondern auch krank ist: Sie „hatte schon am Morgen
zum Schrecken der Passanten auf der Gasse viel Blut ge-
hustet" (126, 15 – 126, 16). Man erschrickt zwar vor ihrem
Anblick, zeigt aber keine Empathie. Die Kälte des Winters
scheint in die Herzen der Menschen gedrungen zu sein und
ihnen alle Barmherzigkeit genommen zu haben. Auch als
die Mutter flehend an den Türen klopft, „trat nur die Gestalt
irgendjemandes hervor, der im Türrahmen stand und entweder durch seine stumme Gegenwart oder durch ein kurzes Wort die Unmöglichkeit eines Unterkommens in dem
betreffenden Zimmer bewies" (126, 34 – 126, 37). In der
modernen Großstadt, so ließe sich diese Textstelle deuten,
haben die Bürger ihre Individualität verloren, erscheinen
wie anonyme Gestalten. Ein wirkliches Gespräch, der wert-
schätzende Kontakt zwischen zwei Menschen, scheint
nicht mehr möglich zu sein.

Ihren traurigen Höhepunkt erreicht die Episode mit dem
Tod von Thereses Mutter. Nachdem sie überall abgewiesen
worden ist, gelangt sie mit ihrer Tochter am nächsten Morgen zur Baustelle, auf der sie sich zur Arbeit melden sollte.
Doch vor lauter Hunger und Erschöpfung hat sie allen Lebensmut verloren. Ohne sich zu verabschieden, klettert sie
auf das Baugerüst und stürzt sich aus Verzweiflung in die
Tiefe. „Die letzte Erinnerung Thereses an ihre Mutter war,
wie sie mit auseinandergestreckten Beinen dalag in dem
karierten Rock, der noch aus Pommern stammte, wie jenes
auf ihr liegende rohe Brett sie fast bedeckte, wie nun die
Leute von allen Seiten zusammenliefen und wie oben vom

Bau irgendein Mann zornig etwas hinunterrief." (129,
8 – 129, 13) Noch einmal zeigt sich die Umwelt kalt und zy-
nisch: Wurde die Mutter in ihrer Not zuvor nicht beachtet,
so zieht ihr grausames Ende nun Schaulustige an, und für
die Bauarbeiter bedeutet der Freitod nichts weiter als eine
ärgerliche Unterbrechung der Arbeit. Spätestens an dieser
Stelle sind die Schrecken der Moderne, die soeben ein Men-
schenleben gefordert hat, nicht mehr zu übersehen.

Doch auch Therese selbst wird zum Opfer der gesellschaft- II. Aspekt:
lichen Verhältnisse. In der Unglücksnacht erst „etwa fünf   Gründe für
Jahre alt" (125, 24), wirkt sie verloren und schutzlos. Immer Thereses
                                                            trauriges und
wieder wird in dem vorliegenden Textauszug darauf hinge-   ängstliches
wiesen, dass sie als „kleiner Wurm" (126, 30), der sie noch Gemüt
ist, viele Ereignisse und Zusammenhänge falsch deutet. So
versteht sie die Situation ihrer Mutter nicht und kann deren
Gehetztsein „nicht ganz begreifen" (126, 3). In kindlicher
Unschuld empfindet sie beim Laufen durch den Schnee-
sturm sogar „noch ein wenig Freude" (126, 2). Viel bedrü-
ckender ist ihre Naivität aber, als sie später zusieht, wie ihre Mutter auf der Baustelle eine Leiter hinaufklettert, obwohl sie doch normalerweise unten am Boden eingesetzt
wird. „Sie dachte daher, die Mutter wolle heute eine besser
bezahlte Arbeit ausführen und lächelte verschlafen zu ihr
hinauf." (128, 26 – 128, 27) Der Gedanke, dass sie bald ganz
allein auf der Welt sein wird, tritt ihr nicht einmal ins Bewusstsein. Selbst als die Mutter oben angelangt ist und den
Maurern kurz vor ihrem Sprung ausweicht, staunt Therese
arglos über „diese Geschicklichkeit" und meint, „noch einen freundlichen Blick" (128, 35 – 129, 1) zu erhaschen. Wie
groß ihr Schock sein muss, als sie bald darauf aus allen Illu-
sionen gerissen und mit der bitteren Realität konfrontiert
wird, kann sicherlich jeder erahnen.

Thereses Unglück beginnt allerdings nicht erst in diesem
Moment. Auch wenn sie die Notlage in jener Winternacht
nicht recht begreift, spürt sie doch von Beginn an eine exis-

tenzielle Bedrohung. Es muss furchtbar für sie sein, die eigene Mutter so verzweifelt und aufgewühlt – „wie in einem Wahn" (125, 31) – zu erleben. „Für das Kind war es natürlich ein unbegreifliches Leid", betont der Erzähler, „einmal von der Mutter gehalten, einmal sich an ihr festhaltend, ohne ein kleines Wort des Trostes mitgeschleift zu werden, und das Ganze schien damals für seinen Unverstand nur die Erklärung zu haben, daß die Mutter von ihm weglaufen wolle." (127, 19 – 127, 24) Dieser Satz führt dem Leser bzw. der Leserin plastisch vor Augen, in welcher Not sich das kleine Mädchen befindet. In der kalten, feindlichen Umwelt New Yorks ist es von der Fürsorge der Mutter völlig abhängig, fühlt sich von ihr aber nicht mehr geliebt. Seine Verunsicherung wird durch deren ambivalentes Verhalten weiter verstärkt: So wird Therese einmal „mit schmerzhaftem Anpressen der Lippen" (126, 27 – 126, 28) von ihr geküsst, kurze Zeit später aber „zur Strafe für [eine] Unachtsamkeit" (128, 6 – 128, 7) geschlagen. Die Mutter, die für ein Kind normalerweise Sicherheit und Halt in der Welt bedeutet, ist selbst zu einem unberechenbaren, Angst auslösenden Faktor geworden. Und wenn sie sich schließlich in den Tod stürzt und ohne Abschied und Erklärung für immer verschwindet, scheint auch in Therese jede Hoffnung zu sterben. Zurück bleibt ein traumatisierter, fürs Leben gezeichneter Mensch.

Ihre Entwicklung ist durch die Katastrophen der Kindheit nachhaltig gestört. So erlebte Therese zunächst die Trennung von ihrem Vater, der sie und ihre Mutter kurz nach ihrer Ankunft in Amerika verließ und sich niemals wieder, „weder [durch] einen Brief noch eine sonstige Nachricht" (125, 17 – 125, 19), bei ihnen gemeldet hat. Noch einschneidender ist jedoch die bald darauf folgende Winternacht in New York. Es ist kaum zu ermessen, wie erschütternd es für Therese sein musste, Zeuge vom Selbstmord der eigenen Mutter zu werden. Auch noch als junge Frau hat sie das Erlebnis nicht überwunden, immer wieder kehren ihre Gedanken dorthin zurück: „Sie wußte jede Kleinigkeit, die damals vorgefallen war jetzt nach zehn Jahren ganz genau" (129, 18 – 129, 20). Alle Details – „die letzten Küsse" (126, 28 – 126, 29) der Mutter, ihr „karierte[r] Rock" (129, 10), sogar das auf der Toten „liegende rohe Brett" (129, 11) – haben sich in ihr Gedächtnis eingebrannt. Dabei ist die Erinnerung nicht zuletzt deshalb so qualvoll, weil Therese sich große Vorwürfe macht und sich einbildet, das einstige Unglück hätte verhindern zu können: „[S]ie war fest davon überzeugt, daß, wenn sie sich an jenem Abend klüger [...] zu ihrer Mutter verhalten hätte, diese nicht einen so jammervollen Tod hätte erleiden müssen" (126, 3 – 126, 6). Von solchen Schuldgefühlen geplagt, scheint sie mehr in der Vergangenheit als in der Gegenwart zu leben. Ihre Existenz bedeutet für sie vor allem Belastung und Leid. Die Wirklichkeit empfindet sie als permanente Bedrohung, jede geglaubte Sicherheit als illusionär und vergänglich.

Der vorliegende Textauszug erzählt die wohl traurigste Episode des gesamten Romans. An keiner anderen Stelle werden die Schattenseiten der modernen Gesellschaft so bedrückend geschildert wie in der Szene, in der sich Thereses Mutter in den Tod stürzt und ihr Kind in einer kalten, gleichgültigen Welt zurücklässt. So stellt Therese eine Art Spiegelfigur des Protagonisten Karl Roßmann dar, der ebenfalls die Fürsorge seiner Eltern verloren hat und im fremden Land ganz auf sich allein gestellt ist. Das tragische Schicksal Thereses und ihrer Mutter, von dem der Textauszug handelt, lässt sich somit auch als eine Warnung und Mahnung, wenn nicht als böses Omen für Karls weiteren Weg auffassen.

Schluss

Der Blick auf die Prüfung: Themenfelder

Dieses Kapitel dient zur unmittelbaren Vorbereitung auf die Prüfung: Schulaufgabe bzw. Klausur oder schriftliche bzw. mündliche Abiturprüfung. Die wichtigsten Themenfelder werden in einer übersichtlichen grafischen Form dargeboten. Außerdem verweist eine Liste mit Literaturangaben und Internetadressen (S. 189 – 190) auf mögliche Quellen für Zusatzinformationen.

Die schematischen Übersichten können dazu genutzt werden,

- wesentliche Deutungsaspekte des Romans kurz vor der Prüfungssituation im Überblick zu wiederholen,
- die Kerngedanken des Romans noch einmal selbstständig zu durchdenken und
- mögliche Verständnislücken nachzuarbeiten.

In der Übersicht I (Handlungsstruktur) sind nur die ersten neun Romankapitel aufgeführt, da die darauffolgende Episode über das „Teater von Oklahama" ohne direkten Anschluss an das Vorangegangene einsetzt und bereits kurz nach dem Beginn des zweiten Kapitelfragments wieder abbricht, also unvollständig ist. Die Schwerpunktsetzungen in Übersicht III beruhen auf Erfahrungen aus jahrelanger Prüfungspraxis. Die Übersicht IV (Vergleichsmöglichkeiten mit anderen literarischen Werken) soll als Anregung dienen, um den eigenen Lektürekanon auf möglicherweise interessante Vergleichspunkte hin abzuklopfen.

Übersicht I: Die Handlungsstruktur der ersten neun Kapitel

1. Sequenz: "Onkel-Episode" Karl als Neffe eines Senators und erfolgreichen Unternehmers in New York *Oberschicht*	**1. Kapitel** Der Heizer	**Phase:** **Karls Zustand:** **Wendepunkt:**	Übergang verstoßen/geborgen Karl wird vom Onkel aufgenommen.
	2. Kapitel Der Onkel	**Phase:** **Karls Zustand:** **Wendepunkt:**	Ruhe geborgen –
	3. Kapitel Ein Landhaus bei New York	**Phase:** **Karls Zustand:** **Wendepunkt:**	Konflikt geborgen/verstoßen Karl erhält Brief des Onkels, in dem er fortgeschickt wird.
2. Sequenz: "Hotel-Episode" Karl als Liftjunge im Hotel occidental *Unterschicht*	**4. Kapitel** Der Marsch nach Ramses	**Phase:** **Karls Zustand:** **Wendepunkt:**	Übergang verstoßen/geborgen Karl wird von der Oberköchin im Hotel aufgenommen.
	5. Kapitel Im Hotel occidental	**Phase:** **Karls Zustand:** **Wendepunkt:**	Ruhe geborgen –
	6. Kapitel Der Fall Robinson	**Phase:** **Karls Zustand:** **Wendepunkt:**	Konflikt geborgen/verstoßen Karl wird nach Pflichtverletzung entlassen.
3. Sequenz: "Brunelda-Episode" Karl als Diener einer verlotterten Sängerin/ späteren Prostituierten *asoziales Milieu*	**7. Kapitel** Es mußte wohl eine entlegene …	**Phase:** **Karls Zustand:** **Wendepunkt:**	Übergang verstoßen/geborgen Karl entscheidet sich, bei Brunelda zu bleiben.
	8. Kapitel "Auf! Auf!" rief Robinson …	**Phase:** **Karls Zustand:** **Wendepunkt:**	Ruhe geborgen –
	9. Kapitel Ausreise Bruneldas	**Phase:** **Karls Zustand:** **Wendepunkt:**	Konflikt geborgen/verstoßen nicht vorhanden, da Kapitel unvollendet.

stetiger sozialer Abstieg

Übersicht II: Der Roman „Der Verschollene" als Werk der literarischen Moderne

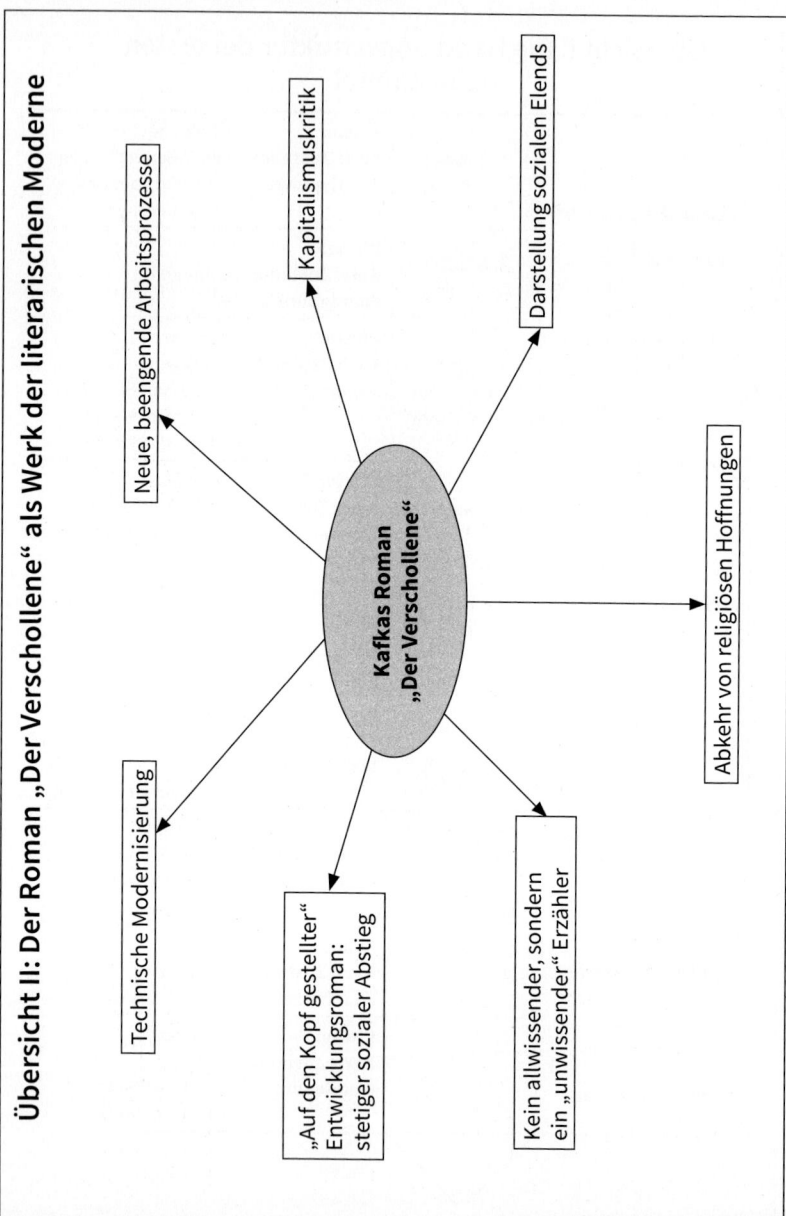

Kafkas Roman „Der Verschollene"

Neue, beengende Arbeitsprozesse

Kapitalismuskritik

Darstellung sozialen Elends

Abkehr von religiösen Hoffnungen

Technische Modernisierung

„Auf den Kopf gestellter" Entwicklungsroman: stetiger sozialer Abstieg

Kein allwissender, sondern ein „unwissender" Erzähler

Übersicht III: Mögliche Untersuchungsschwerpunkte

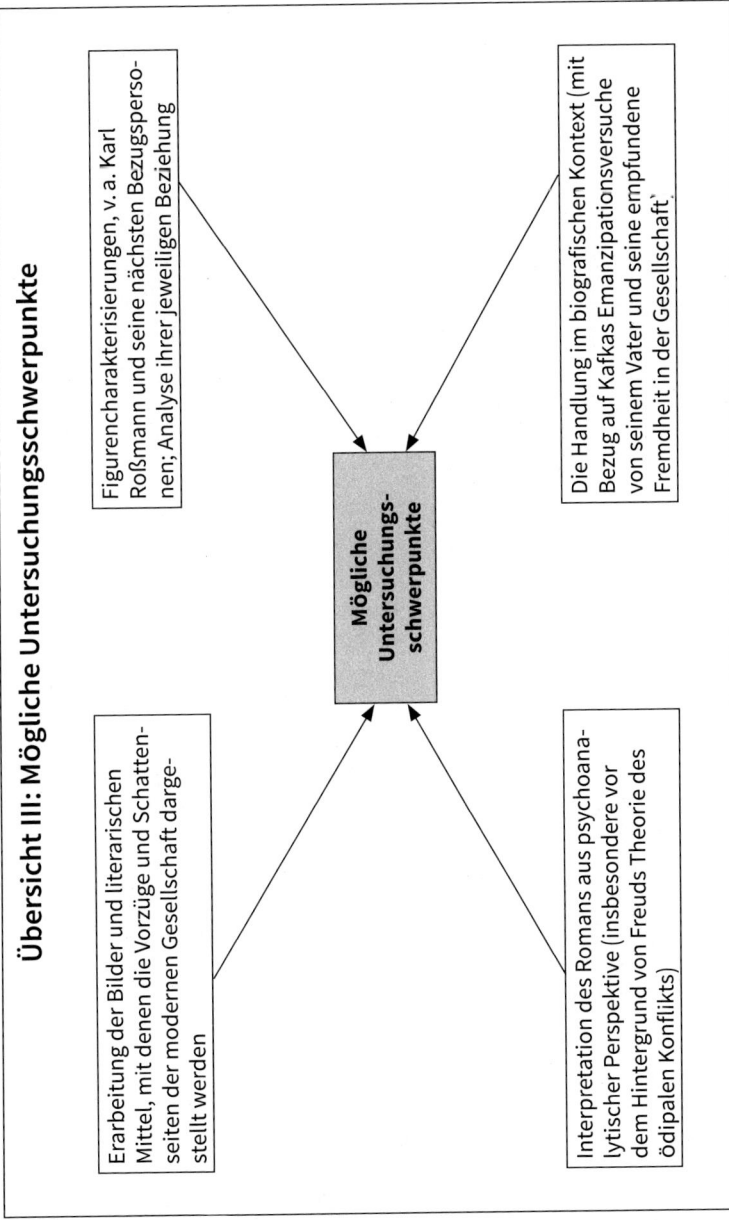

Übersicht IV: Vergleichsmöglichkeiten mit anderen literarischen Werken

Figurenvergleiche, z. B.

- Karl mit Felix Krull aus Th. Manns Roman „Bekenntnisse des Hochstaplers Felix Krull"
- Karls Onkel mit Pfarrer Oberlin aus Büchners Erzählung „Lenz"

Motivvergleiche, z. B.

- das Motiv der *Sexualität* in Musils Roman „Die Verwirrungen des Zöglings Törleß"
- das Motiv des *trügerischen Scheins* in Kafkas Parabel „Auf der Galerie"
- das Motiv der *Hoffnung* in Beckers Roman „Jakob der Lügner"

Kafkas Roman „Der Verschollene"

Kafkas Handlungsstruktur im Vergleich

- mit der Handlungsstruktur eines Entwicklungsromans, z. B. Goethes „Wilhelm Meisters Lehrjahre"
- mit der Handlungsstruktur eines modernen Großstadtromans, z. B. Döblins „Berlin Alexanderplatz"
- mit der Handlungsstruktur einer Road Novel, z. B. Herrndorfs „Tschick"

Vergleichende Erzähleranalyse, z. B. mit

- Hoffmanns Erzählung „Der goldne Topf"
- Kellers Novelle „Kleider machen Leute"
- Hofmannsthals Prosatext „Ein Brief"
- Th. Manns Novelle „Der Tod in Venedig"
- Koeppens Roman „Der Tod in Rom"
- Frischs Roman „Homo faber"
- Süskinds Erzählung „Der Kontrabaß"

Internetadressen

Unter diesen Internetadressen kann man sich zusätzlich informieren:

www.xlibris.de/Autoren/Kafka/Biographie/Seite1
(informative Seite zu Leben und Werk Kafkas)

http://franzkafka.de/
(informative Seite zu Leben und Werk Kafkas)

www.kafka.uni-bonn.de
(informative Seite zu Leben und Werk Kafkas)

http://franz-kafka.eu/zitate/
(gesammelte Zitate Kafkas)

www.kafka-bilder.de
(Fotos zu Kafkas Leben aus dem Archiv Klaus Wagenbach)

www.projekt-gutenberg.org/kafka/tagebuch/
tagebuch.html
(Kafkas Tagebücher im Projekt Gutenberg)

www.odaha.com/sites/default/files/BriefeAnFelice.pdf
(Kafkas Briefe an Felice Bauer als PDF-Datei)

(Stand: 03.07.2020)

Literatur

Textausgabe

Franz Kafka: Der Verschollene. Amerika. Erarbeitet von Roland Kroemer. Herausgegeben von Johannes Diekhans. Paderborn: Westermann Bildungsmedien Verlag 2014

Weitere Literatur

Anz, Thomas: Franz Kafka. Leben und Werk. München: Beck 2009

Hermsdorf, Klaus: Kafka. Weltbild und Roman: Berlin: Rütten & Loening 1961

Jahraus, Oliver: Franz Kafka. Leben, Schreiben, Machtapparate. Stuttgart: Reclam 2006

Loose, Gerhard: Franz Kafka und Amerika. Frankfurt a. M.: Klostermann 1968

Pütz, Jürgen: Kafkas Verschollener – ein Bildungsroman? Frankfurt a. M.: Peter Lang 1983

Stach, Reiner: Kafka. Die Jahre der Entscheidung. Frankfurt a. M.: Fischer 2002

Stach, Reiner: Kafka. Die Jahre der Erkenntnis. Frankfurt a. M.: Fischer 2008

Stach, Reiner: Kafka. Die frühen Jahre. Frankfurt a. M.: Fischer 2016

Thalmann, Jörg: Wege zu Kafka. Eine Interpretation des Amerikaromans. Frauenfeld: Huber 1966